EMPRENDEDOR
10%

Patrick J. McGinnis

EMPRENDEDOR 10%

¡Vive el sueño de emprender sin renunciar a tu empleo!

AGUILAR

Emprendedor 10%

Título original: *The 10% Entrepreneur*

Publicado por acuerdo con Portfolio / Penguin
un sello de Penguin Random House LLC, New York, NY.

Primera edición: julio de 2016

D. R. © 2016, Patrick J. McGinnis

D. R. © 2016, derechos de edición mundiales en lengua castellana:
Penguin Random House Grupo Editorial, S. A. de C. V.
Blvd. Miguel de Cervantes Saavedra núm. 301, 1er piso,
colonia Granada, delegación Miguel Hidalgo, C. P. 11520,
México, D. F.

www.megustaleer.com.mx

D. R. © 2016, Elena Preciado, por la traducción
D. R. © 2016, Estudio la fe ciega / Domingo Martínez, por el diseño de cubierta
D. R. © Spring Hoteling, por los diagramas
D. R. © fotografía del autor, cortesía del autor

ISBN: 978-607-31-4555-8

Impreso en México – *Printed in Mexico*

El papel utilizado para la impresión de este libro ha sido fabricado a partir de madera procedente
de bosques y plantaciones gestionadas con los más altos estándares ambientales, garantizando
una explotación de los recursos sostenible con el medio ambiente y beneficiosa para las personas.

Penguin
Random House
Grupo Editorial

Para todos mis maestros: en especial a mis padres

Índice

INTRODUCCIÓN

¿Estás listo para convertirte en Emprendedor 10%?

Si sigues los rápidos cambios en la tecnología, en las oportunidades y en la actitud que dan nueva orientación a la economía global, entonces tal vez ya notaste que surge un movimiento. Para donde voltees, la gente acepta con los brazos abiertos la iniciativa empresarial, la flexibilidad y la autonomía como nunca antes, incluso mientras mantienen sus trabajos corporativos de tiempo completo. Un recién egresado de la universidad empezó su propio imperio de *lobster roll;* una diseñadora puso una próspera compañía de ropa para niños, y unos amigos del grupo de estudio de la Biblia construyeron una empresa de cerveza artesanal. Todos lo hicieron de medio tiempo. Para ellos, la iniciativa empresarial es una opción añadida (en vez de absoluta) que ofrece ganancias y protección contra las pérdidas. Todo esto mientras hace sus vidas más ricas y más interesantes. ¿Por qué no habrías de aplicarla también tú?

¿Qué significa ser un Emprendedor 10%? Bueno, dedicarás al menos 10% de tu tiempo y (si es posible) de tu capital, en nuevas inversiones y oportunidades. Al usar tu experiencia y red de contactos, escogerás proyectos que saquen partido a tus fortalezas y complementen tu carrera profesional e intereses. Lo más importante, serás el dueño de todo lo que generes. En una vida puedes transformar muchas cosas: cambiar de funciones, puestos y compañías, pero siempre generarás riqueza para el jefe más importante de todos: tú.

Déjame aclarar algo muy importante desde el principio. Este libro no es anticorporativo ni antitrabajo. De hecho, es lo opuesto. En el transcurso de los siguientes capítulos, aprenderás cómo permanecer completamente comprometido con tu empleo mientras obtienes nuevas habilidades que te harán más eficiente en la oficina. Después de todo, hay muchas razones para apreciar tu trabajo fijo. Te ofrece una red de contactos, un lugar para aprender, tomar riesgos y ser parte de un equipo. Disfrutas oportunidades de ascenso, educación e interacción social. Todo esto es invaluable, sin mencionar la razón más que obvia para apreciar tu trabajo: te paga un salario fijo y regular, más beneficios. No se deben dar por hecho ninguna de esas consideraciones, pero (como aprendí del modo difícil), también necesitas buscar más.

Mi viaje para convertirme en Emprendedor 10% empezó cuando era vicepresidente de un fondo de inversión de mercados emergentes. Invertí en transacciones de capital de riesgo y capital de inversión en todo el mundo. Esto significaba zigzaguear continuamente alrededor del globo y trabajar en compañías asentadas en Pakistán, Colombia, Emiratos Árabes Unidos, Polonia, Turquía, China y Filipinas. Salvo vivir en un estado permanente de *jet lag,* amaba mi trabajo. Era la combinación perfecta de viajes, estímulo intelectual y recompensas financieras. El tipo de vida que permitía más de un momento tipo James Bond. Quizá tomaba el metro para trabajar en Nueva York, pero en Estambul, Karachi o Bogotá me mezclaba con gente poderosa que cenaba en sus yates o circulaba con guardias armados en VUDs (vehículo utilitario deportivo) blindados.

Tal vez fue por todo ese *jet lag* que el ataque de la crisis financiera global de 2008 me agarró desprevenido por completo. Cuando estaba sentado en mi oficina de Park Avenue viendo la crisis que se desplegaba en CNBC, no entendía muy bien cómo todos esos cambios podrían afectarme. Hasta que lo hicieron. Por desgracia, mi fondo de inversión acababa de establecerse dentro de una división de AIG (American International Group). Sí, la misma AIG que tras la crisis financiera fue objeto de burla para los comediantes nocturnos, los manifestantes y todos los demás. La compañía sobre la que Paul Hodes, el congresista de New Hampshire, declaró: "Creo que AIG ahora significa Arrogancia, Incompetencia y Ganas de lucrar."[1] ¡Ay! Todavía duele un poco.

Aunque ya estaba escrito lo que sucedería, tardé en procesarlo. No tenía sentido. AIG no era un fondo de alto riesgo sexy y atrevido. Era una compañía aseguradora aburrida con un balance de un trillón de dólares. ¡Un trillón de dólares! ¿Qué podía salir mal?

Pues se desmoronó. Incluso el trillón de dólares no pudo salvar a AIG cuando llegó la sangre al río. No importó que mi división de la compañía no tuviera nada que ver con las inversiones riesgosas que la quebraron. En cuestión de días, el gobierno de Estados Unidos anunció un plan para nacionalizarla de manera efectiva. En un instante todo cambió. En vez de trabajar para un negocio de un trillón de dólares, estaba bajo la tutela del Estado. En cuanto escuché las noticias, prendí mi laptop y actualicé mi estatus de facebook: "Patrick McGinnis está orgulloso de trabajar para ti. Atentamente el contribuyente americano."

Ahí fue cuando las cosas se pusieron interesantes. Cuando desperté al día siguiente, algo me pasó. Aunque tal vez mi compañía nunca sería la misma y mi futuro era incierto, estaba vivito y coleando. De hecho, me sentía liberado de manera extraña. Tanto, que me cuestioné lo que (según yo) sabía sobre construir una carrera profesional. Pasé los siguientes meses tratando de encontrarle sentido a todo, pero siempre surgía la misma pregunta: ¿En dónde me equivoqué? Con el tiempo me di cuenta de que tenía la respuesta frente a mí. De manera ingenua, creía que la seguridad de una compañía me daría todo lo que necesitaba. Por desgracia, esa estabilidad era una ilusión.

Me considero afortunado. Sin la crisis, habría seguido conectado, con la cabeza abajo, los ojos hacia delante y siguiendo el camino establecido. Pensé que mi carrera era a prueba de balas porque hice todo al pie de la letra y tenía una maestría en Harvard. Estaba en un error. Ahora era el joven que construyó su carrera entera con el propósito explícito de evitar el fracaso pero que, de hecho, había fallado de un modo espectacular. Tomé la quiebra de AIG, literal y figuradamente, para sacudir mi autocomplacencia.

Todavía quedaba un gran problema. Perdí de vista por completo mi siguiente movimiento. Al avanzar durante toda la primera década de mi carrera en una serie de pasos escalonados, nunca me tomé la molestia de formular un plan B. También había algunas noticias buenas. Ahora estaba libre para buscar un camino diferente y mucho más interesante. Lo único que sabía con certeza era que nunca apostaría la totalidad de mi carrera al destino de una compañía. Fuera de eso, el horizonte estaba bastante abierto y tenía muy poco que perder. En el pasado, caminé sobre seguro y vi cómo todo salió mal, así que era tiempo de tomar un poco de riesgo y considerar la iniciativa empresarial.

Después de darle muchas vueltas, concluí que no podía convertirme en un emprendedor hecho y derecho, al menos por ahora. No tenía ninguna idea grandiosa y no quería dejar la estabilidad de un trabajo fijo. Además, la verdad, no me sentía como un emprendedor.

Durante la primera década de mi carrera observé la iniciativa empresarial como algo para los demás, no para mí. Fui una persona que sólo siguió el camino trillado, trabajó para las grandes compañías y se vio encajando de manera perfecta en el estereotipo "hombre de la compañía." Era suficiente. Gastaba demasiada energía trabajando en una firma para agregar más cosas a mi carga de trabajo. Cuando platicaba con amigos que formaban parte de nuevas empresas fuera del trabajo, sonreía pensando: "¿Por qué demonios quieren pasar su tiempo libre trabajando?"

Luego estaba la cuestión del riesgo. La iniciativa empresarial era una opción viable para algunas personas, pero yo crecí en una ciudad pequeña de Estados Unidos y le tenía terror al fracaso. Si me eliminaban de Wall Street, no tendría el apoyo de ninguna herencia que me esperara desde hace tiempo, sólo viviría en el sótano de la casa de mis padres. ¿Y si era un sótano remodelado con televisión por cable y un medio baño? No quería perder el prestigio ni (lo más importante) mi cheque quincenal de un trabajo estable por una apuesta insegura. Estaba muy feliz siendo un Emprendedor 10% y quería trabajar para la compañía más grande y segura del mundo.

La crisis financiera cambió todo. Mientras sufría por planear mi siguiente paso, decidí que necesitaba crear un nuevo tipo de carrera realizable además de sustentable. ¿Qué sentido tendría hacer cambios si eran demasiado difíciles o radicales para ponerlos en práctica? Si empezaba desde cero, tenía que ser realista. En vez de convertirme en emprendedor, tal vez encontraría una manera de meter la iniciativa empresarial en mi carrera sin abandonar el trabajo fijo. Quizá lo había hecho al revés, incluso, en vez de pensar en la iniciativa empresarial como algo riesgoso, podría ser mi póliza de seguro.

En los primeros días, cuando empecé a cavilar en este enfoque gradual y más práctico de iniciativa empresarial, les conté a mis amigos y hasta conocidos sobre mi idea. Muy pronto iba en un avión sentado junto a un tipo que invirtió un poco de dinero en una compañía de juguetes. Luego escuché que un amigo pasaba los fines de semana trabajando en una nueva marca (como inversionista y a cambio de acciones). También supe que un antiguo colega usaba su credibilidad en la escena tecnológica para asesorar *startups* en todo el mundo. Ellos fueron algunos de los primeros Emprendedores 10% que conocí, y aunque todavía no sabía bien cómo describir lo que hacían, una cosa era clara: Todas estas personas habían descubierto algo.

Conforme más me atraía la idea de convertirme en Emprendedor 10% de alguna manera, también me consumían las dudas. Trataba de resolver una creciente lista de preguntas. ¿Cómo debería empezar? ¿Cómo sabría qué hacer? ¿Tenía dinero y tiempo suficiente para dedicarlos a convertir algo en realidad? ¿Qué tan riesgoso sería? ¿Tenía el juicio y la experiencia para tomar buenas decisiones?

Ahora, después de cinco años y de contestarme esas preguntas, creo con firmeza que los Emprendedores 10% no nacen, se hacen. Y tú puedes aprender, igual que yo. Como todas las personas que conocerás en este libro, construí un portafolio de actividades profesionales que reflejan mis habilidades, intereses y relaciones. En total, invertí una combinación de tiempo y dinero en doce proyectos empresariales. En siete de ellos, mis acciones son el resultado parcial o completo de una inversión de tiempo (lo cual se conoce como capital de esfuerzo) en vez de dinero.

Al confiar en una metodología clara para seleccionar inversiones y construir mi portafolio, hago dinero real mientras genero ganancias para el futuro. A la fecha, he cobrado dos veces mi inversión en dinero, y el valor del mercado de participación residual excede diez veces mi inversión inicial. También invertí en tres proyectos inmobiliarios que proveen ventajas a largo plazo, además de ingreso actual en forma de dividendos en efectivo. Además, al hacer inversiones rentables y productivas, me divierto mucho y trabajo con gente fantástica, algunos de ellos los conocerás más adelante. Ha sido una experiencia tremenda que cambió cómo concebía mi carrera de manera fundamental. De hecho, sólo me arrepiento de una cosa: ¿Por qué no lo empecé antes? Si hubiera despertado al día siguiente de la implosión de AIG con un portafolio de inversiones que me diera un boleto seguro hasta que mi vida y carrera se estabilizaran, toda la experiencia habría sido mucho menos tensa y dolorosa. En vez de lamentar lo que perdí, habría sido capaz de dirigir mi energía hacia algo positivo: mi 10%.

La buena noticia es que no hay mejor momento que el presente. Este libro te dará las herramientas y la estrategia para integrar la iniciativa empresarial en tu carrera. También contiene los buenos consejos que hubiera deseado que alguien me diera hace años. La primera parte "¿Por qué ser un Emprendedor 10%?" establece el contexto del movimiento 10% y explica razones convincentes por las que mucha gente integra la iniciativa empresarial en su carrera. También te presentará los cinco tipos de Emprendedores 10%. La segunda parte "Construye tu 10%" te dará una guía paso a paso para formular un plan que te lanzará a la siguiente fase de tu carrera.

A través de este libro conocerás Emprendedores 10% de la vida real: vienen de todas partes del mundo, operan en una gran variedad de industrias y traen diferentes habilidades básicas a la mesa. Incluyen: un diseñador, un ingeniero en software, un agente literario, un vendedor de autos, un productor de infomerciales, un doctor, una ama de casa, algunos estudiantes y unos cuantos abogados. También, personas que trabajan en finanzas, consultoría, tecnología y distintas posiciones corporativas. A pesar de sus diferencias, estos individuos emplean estrategias similares para lanzar y dirigir su 10% (son completamente replicables, así que puedes estudiarlas y luego aplicarlas).

Dedicarse a la iniciativa empresarial de manera complementaria es una decisión más práctica que teórica. No es sólo una idea de moda que nunca aplicarás en la vida real. No necesitas una MBA (Maestría en Administración de Empresas), una licenciatura en leyes o cualquier otro grado especializado para entender e implementar la estrategia de este libro. Tampoco veinte años de experiencia, millones en el banco o vivir en Nueva York, San Francisco o Londres. Sólo debes confiar en tus propias habilidades, tener disposición para buscar ayuda cuando la necesites y las herramientas para empezar.

PRIMERA PARTE

"¿POR QUÉ SER UN EMPRENDEDOR 10%?"

CAPÍTULO 1
Un trabajo no es suficiente

La autocomplacencia no es algo que llegue de la noche a la mañana. Nadie despierta, sale de la cama, se mira en el espejo y piensa: "Creo que estaré satisfecho de mí." Luego se encoge de hombros y se vuelve a dormir. Más bien se acerca sigilosa y te agarra desprevenido. Al principio de mi carrera, acepté un puesto que sabía que no me ajustaba bien. Cuando firmé el contrato, las mariposas en el estómago confirmaron mis dudas, pero no tenía otra opción y necesitaba lidiar con una montaña de deudas estudiantiles. En mi tercer mes de trabajo, cuando dormía una siesta de 45 minutos sobre el escritorio a media tarde, me di cuenta de que me había vuelto complaciente de manera peligrosa. Al día siguiente, empecé una búsqueda de empleo y pronto hice el catastrófico cambio a AIG.

Después, en el periodo posterior a la crisis financiera global, descubrí que no era tan fácil moverse a otro puesto. En el postapocalipsis de la economía, estaba atrapado en AIG. En vez de hacer algo productivo o sólo tomar una siesta, esta vez elegí el mal humor. Quité todos los signos de vida de mi oficina (libros, cuadernos, fotos sobre mi escritorio) y los puse en gabinetes y cajones hasta que la oficina de cristal se veía vacía por completo desde el pasillo. En esencia, me borré del lugar de trabajo en un gesto simbólico que de manera sarcástica llamo: "limpieza total."

En este preciso momento, la complacencia está generalizada en los empleos de Estados Unidos. Incluso si no estás roncando bajo tu escritorio o tomando la actitud pasivo-agresiva que yo asumí, deberías considerarla. La encuesta Gallup de 2015 sobre la situación de los lugares de trabajo de los norteamericanos descubrió que casi 70 por ciento de la gente está "no comprometida" o "activamente desocupada". Según mis cuentas, eso significa que diez millones de trabajadores deberían hacer una "limpieza total" porque sus cabezas están en otra parte.

CUANDO LAS APUESTAS SEGURAS YA NO LO SON

No es de sorprender que mucha gente sea sonámbula y camine su ruta hacia la vida profesional dormida. Ascender en la escalera corporativa ya no es el barómetro del éxito que era. Más bien es el sueño de ayer. En una época en que la economía global oscila de una crisis financiera a otra con una regularidad alarmante, poca gente espera seguir en una compañía el tiempo suficiente para cobrar las perlas de la virgen al retirarse. Además tenemos los ciclos económicos. Es casi imposible planear para el futuro gracias a la fusión, deslocalización, subcontratación y recortes de personal que de manera constante redefinen el lugar de trabajo moderno.

La oficina de estadísticas laborales en Estados Unidos reporta que un miembro promedio de la generación de los *baby-boomer* cambia de trabajo cada 3.5 años, entre los 22 y los 44 años.[2] Esta tendencia parece acelerarse: 91 por ciento de los *Millennials* esperan quedarse menos de tres años en un trabajo. A este ritmo, un trabajador normal cambiará alrededor de veinte veces en su carrera.[3] En otras palabras, la antigua mentalidad meritocrática a través de la cual nos enseñaron a ver nuestras carreras ("trabaja duro, mantén la cabeza abajo y muévete hacia adelante"), ya no aplica en un mundo donde alcanzar el siguiente peldaño de la escalera no es una estrategia viable.

Incluso los paradigmas de prestigio, carreras como finanzas, leyes y medicina, ya no garantizan el éxito económico. No hay cosas seguras, y no sólo debido al daño causado por la crisis financiera global de 2008. En los últimos cinco años, el número de empleados "directivos" en las firmas de Wall Street (gente como banqueros especialistas en inversiones y *traders*) cayeron 20 por ciento de manera global. Mientras, los cambios en las estructuras de pago y un fuerte incremento en la regulación, afectó la remuneración de modo impresionante.[4] Las cosas no están mejor en las profesiones médicas o legales. Sólo 40 por ciento de los graduados de la escuela de leyes en 2010, trabajan en despachos de abogados y alrededor de 20 por ciento labora en empleos que no requieren cédula.[5] Tal vez por eso una encuesta reciente descubrió que casi 60 por ciento de abogados activos no aconsejan a los jóvenes que entren en el ramo.[6] De manera similar, sólo 54 por ciento de doctores dicen que si volvieran a empezar, escogería medicina otra vez.[7]

Si no tienes el triunfo asegurado en las industrias que se supone eran pan comido para el éxito, entonces, ¿qué decir del resto del mercado laboral? El hecho de que no haya apuestas seguras no quiere decir que todo está perdido para la siguiente ola de profesionales. ¿Por qué ir a la escuela por años y acumular vastas sumas de préstamos estudiantiles cuando el pago ya no es seguro? Es un acuerdo terrible (y el mejor y más brillante conocido). Como resultado, quieren más que un simple y mediocre empleo de oficina sentado-en-un-cubículo, trabajando-veinte-años-para-ascender. Para ellos, la respuesta es iniciativa empresarial.

Visita un campus universitario en la actualidad y encontrarás más aspirantes a Mark Zuckerberg que a banqueros especialistas en inversiones (y eso que a los banqueros tradicionalmente les dicen "Maestros del Universo"). No es sólo porque Zuckerberg use jeans y sudadera para trabajar y sea súper rico (aunque eso también influye). Las compañías empresariales proveen el tipo de escenario en el cual quienes acaban de salir de la escuela hace pocos años pueden construir carreras que combinan autonomía y ventajas financieras, todo dentro de una cultura corporativa atractiva a sus valores. También adquirir las herramientas para un día lanzar un proyecto empresarial por su cuenta, si lo deciden. ¿Quién podría culparlos de ser seducidos por este nuevo paradigma? Como la tecnología afecta y transforma de la noche a la mañana hasta a las industrias mejor establecidas, pensar como emprendedor es esencial en la actualidad.

INICIATIVA EMPRESARIAL, S.A.

Por desgracia, pensar como emprendedor tiene poco que ver con la versión hollywoodense de iniciativa empresarial que captura la imaginación del público. Así como en la década de los ochenta teníamos a Gordon Decko en *Wall Street* y su famosa frase, "La codicia es buena", ahora tenemos *La red social* y la serie de HBO *Silicon Valley*. En este sentido, los emprendedores se convierten en un estilo, como los *yuppies* o *hípsters*. Con el tiempo, de alguna manera dirigen las cosas para generar nuevos niveles de publicidad. Hojea una revista enfocada en iniciativa empresarial o lee algunos blogs de *startup*. Descubrirás que casi todos son retratados como independientes, brillantes, atrevidos y tan innovadores que están más allá del reproche. El mensaje es claro e inequívoco: los emprendedores son los nuevos pioneros, un ejército valiente de guerreros visionarios que harán incalculables sumas de dinero. Ellos serán los dueños del futuro.

Me gusta llamar "Iniciativa empresarial, S.A." a esto que vemos. Con la combinación de creatividad y desfachatez, la gente responsable de la "Iniciativa empresarial, S.A." hizo un trabajo extraordinario en producir y destacar un esfuerzo humano relacionado más con el glamour que con el trabajo. Como resultado, la sociedad adoptó una idea romántica y distorsionada de lo que significa construir un negocio desde el polvo. La compleja iniciativa empresarial-industrial sabe que mostrar la manera real de empezar una compañía es posicionando productos que fracasan y diciéndole a la gente que el trabajo duro no es atractivo. La verdad es que la iniciativa empresarial es una elección de carrera que consume todo el tiempo disponible, y a menos que seas masoquista, no hay nada romántico en fallar una y otra vez hasta que encuentres la fórmula correcta.

Además, las compañías no ayudan porque enturbian el agua con sus historias de origen. Parece como si cada nueva empresa fuera inventada en un garaje, un dormitorio o al contemplar la puesta de sol en una playa en Tailandia. Contar estos inicios es mucho más inspirador que admitir que se te ocurrió tu idea *startup* sentado en un cubículo mal iluminado en algún lugar de Ohio.[8] Mira la leyenda detrás de Apple. El garaje de California donde Steve Wozniak y Steve Jobs empezaron, ahora es un sitio de adoración. Los fundadores aspirantes y los fans se toman selfies frente a la casa. Esto hace a Apple el producto más exitoso del mundo con la clásica historia de garaje en Silicon Valley. Excepto que no lo es. En 2014, Wozniak admitió que toda la historia del garaje fue un "poco de mito" porque el "verdadero trabajo se hizo… en mi cubículo de Hewlett-Packard".[9]

La gran mayoría de los fundadores están más obsesionados con los resultados que con alimentar el furor de la iniciativa empresarial (y con justa razón). Si eres un emprendedor y creas tu propia publicidad, los inversionistas te mostrarán la puerta antes de perder todo su dinero. Es peligroso quitarle la vista al balón para gastar tiempo y energía valiosos revelando tus genialidades. Puedes parecer y comportarte como emprendedor, pero los resultados guían el valor de cualquier compañía cuando ya todo está dicho y hecho. Aparentar sin hacer el verdadero trabajo es una manera infalible de terminar siendo un "pseudo-emprendedor" de primera clase.

Es la desgracia de idealizar la iniciativa empresarial. Olvidar la esencia para enfocarse en los destellos deja un factor clave fuera de la conversación: la iniciativa empresarial de tiempo completo no es para todos. No es vergonzoso decidir que no quieres ser un emprendedor hoy… ¡o nunca! De hecho, elegir un camino más estructurado es una de las mejores (y más importantes) decisiones en tu vida. No saltes de modo imprudente de una carrera profesional estable a una empresa riesgosa donde te sientas inseguro. Necesitas empezar con los ojos abiertos.

CINCO RAZONES PARA NO SER EMPRENDEDOR DE TIEMPO COMPLETO

Mi hermano, Mike, es músico de jazz en Nueva York. A través de los años, invirtió incontables horas para desarrollar sus habilidades y su reputación en el escenario musical. En el proceso llevó su saxofón por toda la ciudad (y por todo el mundo) y fue subiendo en su industria y forjándose un nombre de manera gradual. Si le preguntas por qué decidió ser músico, su respuesta es simple: la música lo eligió. Era lo único que siempre quiso hacer y sacrificó lo necesario para dedicarse a su pasión, en especial en los primeros días de su carrera cuando apenas alcanzaba a pagar las cuentas. Con éxito, descubrió que vivía una vida mucho mejor que la que imaginaba una década atrás. Tal vez se hará rico algún día. Pero si hubiera querido fama y dinero, habría escogido un camino diferente. Una vez me dijo cómo percibía ser artista en la actualidad: "Es como ser sacerdote. Lo haces por pasión, no por dinero, y en ese sentido ya eres rico."

Observo la iniciativa empresarial de manera muy parecida a cómo mi hermano ve su carrera de músico. No te conviertes en emprendedor porque quieres ser rico o famoso. Eso te elige. No importa cuándo tomes la decisión, la cosquilla en la panza te dice que debes hacerlo. Tal vez eres la persona que lanza negocios desde que estableció su primer puesto de limonadas a los cinco años. Quizá sabías desde el principio que nunca trabajarías para nadie más. O a lo mejor no esperas ser un emprendedor, pero alcanzaste un nivel en la vida donde quieres vivir de manera diferente. Sin considerar cómo llegaste ahí, cuando escoges la iniciativa empresarial, aceptas que el éxito y el dinero serán fantásticos si llegan, pero no son lo único que impulsa tu decisión.

A pesar de toda la publicidad de la "Iniciativa empresarial, S.A." es muy difícil hacer un viaje por las razones equivocadas o sin pensar largo y tendido en lo que te espera. Si estás considerando ese camino, primero examina estas cinco razones por las que no es buena idea ser un Emprendedor 100%.

1. El estilo de vida es horrible

En septiembre de 2014, un emprendedor llamado Ali Mese publicó un post en Medium titulado: "Cómo dejar mi trabajo corporativo por mi sueño *startup* ch**gó mi vida." El antiguo consultor de Bain & Company narra el inesperado estrés personal, familiar y social que resultó por su decisión de dejar el seguro y prestigioso mundo de la consultoría de dirección para empezar su propia compañía. Mese quería asegurarse de que todos los consultores aburridos, tipos corporativos menospreciados y banqueros frustrados que soñaban con *startups* desde sus cubículos, también vieran el lado oscuro de la iniciativa empresarial. Así que lo puso al descubierto. Fue claro que los riesgos y compensaciones de perseguir la iniciativa empresarial están en la mente de muchas personas porque su blog se volvió viral y tuvo millones de visitas.

El tiempo y la concentración requeridos para lanzar y dirigir una compañía te cobran un precio (y a todos los que te rodean). Debes reconsiderar tus metas financieras, tu estilo de vida y tu definición de éxito, todo mientras te ataca una plaga de desconfianza en ti mismo. Por lo general, se cree que la taza de divorcios entre los fundadores *startup* es la más alta de todas las ocupaciones, resultado de la gran cantidad de horas y estrés.

Incluso si tu compañía progresa, quizá tu estilo de vida no sea lujoso. Si dejas un trabajo corporativo de leyes para abrir una pastelería y por fin hacer un negocio con la receta secreta de las famosas galletas de tu abuela, tal vez te descubras trabajando más que antes por la misma rebanada de pastel. Claro, ahora eres "libre", pero también tienes horas largas, clientes deman- dantes y el estrés de llegar a fin de mes con menos dinero y arre- glártelas (al menos al principio). Las vidas, como las carreras, rara vez están balanceadas, y a lo mejor descubres que tu "trabajo soñado" tiene mucho menos equilibrio que tu empleo anterior. Después de todo el esfuerzo y sacrificio, ¿qué tan terrible se sen- tiría si abres tu pastelería sólo para descubrir que mejor te hubieras quedado en el despacho de abogados? Tal vez te des cuenta de que, aunque disfrutas hornear unas cuantas charolas de galletas para tus amigos, odias hacerlo doce horas al día.

2. Puedes arruinar tus finanzas

Un estudio reciente de más de diez mil fundadores reveló que 73 por ciento de los encuestados se pagan a sí mismos menos de 50 000 dólares al año en compensaciones en efectivo.[10] Esta cifra es muy baja si consideras toda la responsabilidad a cuestas. Contratan equipos, crean y ejecutan estrategias de crecimiento e intentan recaudar millones de dólares de capital de riesgo de inversionistas ricos que esperan que los fundadores los hagan más ricos. Todas estas presiones y obligaciones por menos de 50 000 dólares al año parece un trato injusto, ¿verdad?

Quizá así lo parezca pero, por lo general, ése es *el* trato. Los inversionistas esperan fundadores de *startups* para poner todos sus huevos en una canasta y hacer dinero conforme aumente el valor de sus acciones en una compañía. Ahora considera que el típico capital de riesgo de los negocios respaldados o apoyados, requiere entre cinco y siete años para llegar desde su primera recaudación de capital hasta producir rendimientos para los accionistas, incluyendo a los fundadores.[11] Hasta Facebook, una de las indiscutibles tecnologías poderosas de la última década, tardó más de siete años en alcanzar su OPV (oferta pública de venta de acciones).[12] Así que no importa si tu compañía es súper exitosa, deberás esperar para ver retribuciones económicas.

Jonathan Olsen, emprendedor, fundador e inversionista en empresas incipientes, lo expresó mejor: "Si quieres ser un emprendedor, dejarás a un lado cosas, empezando por la televisión." Más allá de eso, tal vez ya no ayudes a tus padres con gastos inesperados ni llenarás cheques llamativos para tu alma mater. Si acostumbras ser el que cuida de quienes te rodean, contar cada peso es un cambio muy importante. A todo el mundo le encanta contar historias sobre fundadores que sacaron todos sus ahorros y vivieron de múltiples tarjetas de crédito antes de triunfar. Nadie habla de los que no pudieron pagar esas deudas.

3. *Dejas estatus y confirmación*

Tu trabajo señala tu lugar en la sociedad. Una carrera prestigiosa trae respeto y confirmación de colegas, familia y amigos. Si todo el mundo te conoce como el tipo que hace mucho dinero en finanzas o la próxima mujer socia, entonces creciste acostumbrado a tener los reflectores sobre ti. Los cambios en tu carrera afectan la manera en que te perciben colegas, sociedad y hasta tú mismo. Arriesgar esta confirmación puede fastidiar y volver loca tu cabeza.

Si trabajas para una compañía establecida, estás habituado a la seguridad y estructura que entretejen el ADN de este tipo de organizaciones. Perseguir nuevas oportunidades significa romper rutinas y dejar atrás las viejas comodidades. Cuando baje la emoción de la libertad, abandonar las oficinas corporativas bien equipadas para entrarle con ganas a tu *startup* será acostumbrarte a todos los tipos de trabajo pesado. Dile adiós a los hoteles de lujo y a las cenas caras. También cambiarás tus tarjetas de presentación por unas nuevas, dejando atrás un logo corporativo bien conocido a cambio de una tarjeta que genera miradas de confusión. Al final, te tragarás tu orgullo. En algún punto, presentarás tu negocio ante personas sentadas en esas oficinas corporativas tan confortables que dejaste atrás. Algunos (tal vez la mayoría) te dirán: "No, gracias."

Incluso si te ves como alguien independiente, que no busca aprobación de los demás y sabe lo que quiere, la transición puede ser difícil. La mayoría de tus viejos amigos y colegas no tendrán idea de qué haces para vivir, así que explicarlo no será tan fácil como antes. Cuando lo haces, algunas personas te mirarán de manera escéptica, otras se aguantarán una mirada ausente o indiferente. Estas personas pueden ser miembros de tu familia.

4. *No tienes la idea correcta (todavía)*

Estaba parado en un rincón de una reunión de interconexiones tecnológicas cuando se me acercó un joven muy emocionado. Justo venía de un *hackatón,* una competencia de planes de negocios en la que equipos de aspirantes a emprendedores trabajan contra reloj para desarrollar una idea que pueda convertirse en negocio. Cansado pero triunfante quería contarme de la nueva aplicación para celulares que él y su equipo crearon. Quería saber si debía salirse de la universidad y dedicar toda su energía al invento. Me llamó la atención y le pedí que me explicara de qué se trataba. Si estaba dispuesto a dejar todo por su *startup,* debía ser algo bueno. Se paró un poco más alto y respondió: "Es Tinder", hizo una pausa, sonrió y continuó, "para perros." Me tomó casi quince minutos persuadirlo de que cuando un perro está en celo, el mejor amigo del hombre no necesita una aplicación para encontrar una pareja adecuada.

No importa qué tan duro trabajes, debes tener una idea sólida y un plan que te respalde. Es la única manera de construir un equipo, atraer inversiones, convencer a tus primeros clientes y encontrar el valor para ponerlo en marcha. La idea no tiene que ser perfecta (los planes de negocios iniciales rara vez lo son) pero debe ser prometedora.

Una encuesta de la revista *Inc.* descubrió que 71 por ciento de los fundadores tropiezan con la idea para su compañía basándose en los problemas que enfrentaron en sus trabajos anteriores.[13] Esto significa que tu mejor apuesta es quedarte quieto y mantener tu cabeza baja hasta encontrar una idea que justifique riesgos, costos, estrés y rechazos conforme descubres si en verdad funcionará. Una vez con la idea correcta concentrarás todo tu tiempo y energía en probarla, validarla, refinarla y mejorarla. Hasta llegar a este punto, tu única opción es esperar el momento con calma. Esta decisión es muy importante porque no te conformarás con algo mediocre (en espera de algo más).

5. *Fracasar es horrible*

Cada determinado tiempo, escucho esas historias que dan escalofríos: personas que siempre se dedicaron a la iniciativa empresarial como carrera. Una de las más memorables trata de un tipo al que llamaré "Señor Mala suerte," estudiante sobresaliente de su clase en la mejor escuela de negocios. Mientras el resto de sus contemporáneos apuntaron hacia Wall Street, firmas de consultoría o posiciones corporativas poderosas, él optó por la primera de una sarta de *startups* fracasadas. Quince años después, el señor Mala suerte creó un poco de alboroto entre sus antiguos compañeros cuando se regresó a casa de su madre. Sus finanzas estaban devastadas y, fuera del dorado nombre de su alma mater, no tenía nada que demostrara sus esfuerzos, porque todas las compañías de su currículum estaban quebradas y olvidadas. El señor Mala suerte no era estúpido y no necesariamente tomó malas decisiones. De hecho, gracias a su intelecto, linaje y red de contactos, era igual de probable que tuviera éxito. Pero las cosas no funcionaron a su favor. Así que en vez de empezar sus días mirando hacia el océano desde la plataforma de su yate, comía *Cheerios* frente a la mesa de la cocina de su mamá.

Las percepciones comunes de la iniciativa empresarial hacen que el camino a volverse millonario, o hasta billonario, parezca inevitable. He aquí el secreto oscuro y sucio: las probabilidades son que vas a fracasar. Considera el estudio reciente del profesor Shikhar Ghosh de la Escuela de Negocios de Harvard que rastrea el destino de más de dos mil *startups*.[14] Ghosh reporta que alrededor de 75 por ciento de ellas no entregan los rendimientos prometidos a inversionistas, mientras que de 30 a 40 por ciento regresan poco o nada al capital total.[15] Sus resultados hablan de una realidad fundamental de la iniciativa empresarial: fracasar, quieras o no, es parte del ADN de la construcción de una nueva compañía. En algunos círculos, incluso se celebra como una señal de honor, una pieza fundamental de lo que con el tiempo tendrá éxito, si no en esta empresa, en la siguiente. Siempre y cuando aprendas algo de la experiencia. Dicen que los fracasos serán vagos recuerdos cuando te bañes en el brillo soleado del éxito. El legendario inversionista de riesgo Marc Andreessen incluso acuñó el término "el talismán del fracaso" para describir la paradójica exaltación de la derrota en círculos empresariales. Alzando la voz contra todos los fanáticos, Andreessen se atrevió a decir algo que me parece bastante obvio: "Fracasar apesta".[16]

Si tus oportunidades de fracasar son mayores que nunca, ¿qué pasa si las probabilidades trabajan en contra? Si te equivocas muchas veces, ¿aguantarás los costos financieros, emocionales y sociales? En algún punto, el precio de la iniciativa empresarial aumenta. Esta realidad es especialmente cruel si quieres casarte, tener una familia o comprar una casa. Si todavía no "tienes el triunfo asegurado" las implicaciones son claras: fracasar apesta y tal vez no seas capaz de solventarlo.

La iniciativa empresarial no es una propuesta de todo-o-nada

Bueno, ahora que ya te di las cinco razones para no dedicarte a la iniciativa empresarial *de tiempo completo,* es tiempo de ver los claros beneficios de llevarla a cabo *de medio tiempo.* En un mundo ideal, tu empleo te daría una mezcla óptima de estabilidad y ventajas que serían como el Santo Grial. Sólo hay un problema. Al igual que el Santo Grial, este trabajo es imposible de encontrar, la gente ha buscado ambos los últimos dos mil años. Lo anterior te deja con un dilema. Si quieres ganancias, la sabiduría tradicional te sugiere la iniciativa empresarial. El problema es que implica riesgos considerables. También dice que la carrera profesional maximiza la estabilidad, aunque esa noción es cada vez más una reliquia del pasado. Al enfrentar estas duras opciones, te limitas a dos caminos que parecen irreconciliables: ir en una dirección o la otra, aceptando que cada una tiene desventajas definitivas.

Por fortuna, la sabiduría tradicional es obsoleta y no necesitas escoger un camino sobre otro. Si abandonas la idea de que un empleo te proveerá de todo lo necesario, verás que las carreras profesionales y la iniciativa empresarial no se excluyen entre sí. En vez de eso, pueden complementarse. En vez de escoger entre un trabajo fijo estable y la iniciativa empresarial, ¿por qué no permitir que tu trabajo fijo te dé la estabilidad, el flujo de efectivo y la plataforma para integrar las compañías de la iniciativa empresarial de manera complementaria? Al crecer tu carrera de modo lateral en vez de vertical, canalizas un porcentaje significativo de tu tiempo y energía en algo mucho más amplio. En este sentido, la iniciativa empresarial mejora tu carrera y sirve como vía para generar ventajas además de protegerte de caídas financieras, sin el riesgo de apostar todo.

A través de la iniciativa empresarial de medio tiempo, lograrás más que sólo diversificación financiera o profesional. Te embarcarás en aventuras que harán tu vida más rica e interesante. La próxima vez que estés en una cena, coctel, fiesta o te encuentres a un viejo amigo en la calle, te descubrirás hablando sobre la *startup* de bienes raíces en la que trabajas en vez de quejarte del empleo de la oficina. Al aprender los detalles de la iniciativa empresarial en tu tiempo libre y con tu propio dinero, también ganarás un nivel de experiencia y credibilidad que nunca encontrarías trabajando para alguien más. Con cada proyecto al que te dediques obtendrás habilidades que te permitirán renovar tu atención y vigor en tu trabajo fijo. Además, todo lo que generes se volverá parte de tu currículum y tu portafolio de inversiones, sin importar lo que pase en tu trabajo fijo.

Como verás en el siguiente capítulo, involucrarte en la iniciativa empresarial asimismo te dará un nivel de libertad al que nunca podrías acceder como emprendedor de tiempo completo. Participarás de la emoción que surge al construir algo nuevo mientras evitas el estrés de los riesgos. Puedes experimentar con las ideas que te gustaría perseguir de tiempo completo, pero sin poner todos los huevos en una canasta o arriesgar tu estilo de vida. En su lugar, emplearás una estrategia sustentable y práctica que complementará y diversificará tu carrera actual. Después de todo, tu vida, como tu portafolio de inversiones, es mejor cuando se diversifica.

CAPÍTULO 2
Todos los beneficios sin los inconvenientes

Cuando Alex Torrenegra inmigró a Estados Unidos de Colombia a los dieciocho años, hablaba poco inglés y sólo encontró trabajo en el turno nocturno de un McDonald´s. Aunque era un programador talentoso que fundó su primera compañía a la temprana edad de catorce años, empezó su carrera desde cero en el país adoptado. Después de siete meses, poco a poco se movió más cerca del mundo de la tecnología (pasó de limpiar baños y cocinar hamburguesas a vender PlayStations como subgerente de una tienda de videojuegos). Una vez que su inglés mejoró, dio el salto a un empleo de programador. Tiempo después, Alex conoció a Tania Zapata. Como él, ella también venía de Colombia y al principio encontró empleo como recepcionista en una estación de radio en Miami. Mientras se encargaba de los teléfonos y suplía de vez en cuando a los locutores que faltaban, empezó a construir su currículum como artista de voz en *off*.

Cuando Alex encontró a Tania, no sólo conoció a su futura esposa, también a su socia. Incluso cuando tenían trabajos diarios ordinarios, construyeron lo que con el tiempo se convertiría en Bunny Inc., el portal líder en el mundo de artistas de voz en *off*. Tania entendía a los artistas, sus clientes, y las dinámicas competitivas de la industria, mientras Alex tenía las habilidades técnicas necesarias para manejar la industria completa en internet. Una década después, miles de personas talentosas dan voz a películas, comerciales, videojuegos y aparatos electrónicos a través de la plataforma en línea de Bunny Inc. Desde su oficina central en San Francisco, Alex y Tania manejan un equipo internacional de más de cincuenta empleados, cuarenta de ellos con base en Bogotá, Colombia. Gracias a su éxito, Alex fue reconocido por la Casa Blanca y visitó al presidente Obama como parte de la campaña de la reforma migratoria.

Es fácil olvidar que Alex y Tania enfrentaban bajas probabilidades cuando empezaron una compañía. Superaron múltiples barreras, desde culturales y lingüísticas hasta profesionales. A diferencia de muchos de sus colegas en Silicon Valley, no tenían la red de contactos ni la credibilidad para reunir el plan de negocios y el capital para empezar. Tampoco los ahorros para dejar sus trabajos y lanzarse sin pensarlo. Como resultado, siguieron el único camino disponible: se volvieron emprendedores de medio tiempo. Usaron una estrategia gradual que les permitía probar sus ideas mientras mantenían sus costos y riesgos al mínimo. También fueron capaces de construir algo juntos, divertirse en el proceso y crear un negocio que ahora les ofrece un nivel de ventajas e impacto que nunca habrían tenido en sus carreras previas.

Como lo demuestran Alex y Tania, perseguir la iniciativa empresarial de modo complementario ofrece muchas ventajas sin los riesgos de sumergirse en lo más profundo de la alberca.

Este capítulo expondrá los cuatro beneficios de perseguir la iniciativa empresarial de medio tiempo (en vez de tiempo completo). Primero: te diversificarás y protegerás de las pérdidas con un plan B que reduzca la tormenta de retos inesperados. Segundo: abrirás fuentes de ganancias. Como dice el viejo refrán: "El que no arriesga, no gana." Convertirte en propietario te da la oportunidad de crear valor real al tomar parte en nuevas empresas prometedoras. Tercero: la diversificación tiene un efecto secundario que va más allá de los beneficios económicos: hace la vida más cautivadora e interesante. Por último, al embarcarte en una serie de viajes empresariales, desarrollas habilidades fundamentales que te harán un profesional más completo. Podrás recurrir a todo lo que aprendas en tu 10% para crear un mayor impacto en tu trabajo fijo.

PLAN B

Si vas a cualquier campus universitario, siéntate hasta atrás el primer día de clases del curso introductorio de finanzas. Escucharás que el profesor pregunta lo siguiente a sus estudiantes: ¿Cuál es el truco para invertir con éxito? La respuesta es clara: diversificación. Cuando elaboras una estrategia de inversión, debes diseñar y construir un portafolio que soportará los momentos buenos y malos. Si diversificas de manera apropiada, minimizas el riesgo de que una inversión fallida impacte tu riqueza. Es irónico, la mayoría de nosotros hacemos justo lo opuesto con nuestra carrera profesional. Si la imaginas como una inversión (y por supuesto lo es) entonces tu portafolio, y por extensión tu vida, está muy expuesta a una posición: tu trabajo. Es demasiado riesgo para resistir, por eso debes encontrar cómo la diversificación se vuelva una parte no negociable de tu estrategia. Si buscas protección ante las desventajas y caídas financieras, necesitas un plan B.

Desde que nos graduamos de la universidad, sin importar a qué se dediquen, casi todos mis amigos han sufrido un fuerte "ajuste" (es el término amable para la palabra "colapso") en sus carreras. Muchos se quedaron sin empleo, desearon cambiar de trabajo o son infelices. En el espacio de un año o dos he visto a gente caer en picada con muy poca advertencia o sin ella. Es la otra cara de las oportunidades para el progreso económico que vienen con el capitalismo. Puedes hacer todo bien y eso no cambia nada. Incluso si sobrevives a una crisis financiera, seguro habrá otra. Cualquier cosa puede pasar, ya sea una reestructuración, una fusión u otro cambio radical que te quite el sustento.

En su carrera, Josh Newman aprendió muy pronto el valor de protegerse de las caídas y desventajas. Su primer trabajo fuera de la universidad fue en Modem Media, en Connecticut, en ese entonces una de las agencias de publicidad interactiva más grande del mundo. Aquellos eran los días dinámicos del *boom* del internet, a finales de la década de los noventa, y conforme se diseñaba y desarrollaba la web, sus habilidades eran muy solicitadas. Cuando descubrió que Modem le cargaba a sus clientes una cuota por hora que era casi diez veces lo que le pagaban a él, tuvo una idea. ¿Por qué no establecer una agencia *boutique* para proveer el mismo tipo de servicios a clientes mucho más pequeños que no pudieran solventar el trabajar con una empresa grande? En las noches y fines de semana, lanzó su pequeña firma llamada Mediatavern y desarrolló una lista de clientes. No tuvo problema con sus superiores en Modem Media porque siempre puso su trabajo fijo primero y nunca compitió por negocios.

Cuando explotó la burbuja tecnológica y perdió su trabajo, Josh empacó sus cosas y decidió ver qué hacer con Mediatavern. Este recurso alterno de ingresos significó no tener que preocuparse por pagar la renta mientras buscaba empleo. También le facilitó evaluar las ofertas de trabajo conforme llegaban, porque supo cuánto podía ganar por su cuenta. Al final, nunca encontró un puesto que fuera más atractivo que poner todas sus energías en Mediatavern.

Al decidir jugárselo todo, Josh construyó una compañía que, en la actualidad, provee a clientes de Fortune 500 y está incluida en la *Inc. 5000*, denominación que se da a las compañías con crecimiento más rápido de Estados Unidos. Además nunca olvidó la actitud que le permitió salir adelante al enfrentar un reto en su carrera. Hizo funcionar Mediatavern como un verdadero Emprendedor 10%, dedicándole una porción de su tiempo y ganancias de la compañía y aprovechó para desarrollar y derivar nuevos negocios. También se asoció con su esposa Laura, juntos crearon una nueva agencia *boutique* digital que atiende a los pequeños clientes que empezaron con él.

Josh aprendió por experiencia propia que no hay lugar para la complacencia cuando diriges tu carrera, por eso necesitas un plan B. Tu carrera se afectará por un sinnúmero de factores fuera de tu control, así que necesitas ser resistente. Vivirás a través de recesiones, reestructuraciones directivas, cambios de estrategias y prioridades, todas ellas fuera de tu alcance. Si estableces un camino que te proteja de las pérdidas, la próxima vez que enfrentes incertidumbre (y es probable que pase más pronto de lo que crees) estarás preparado. No significa que estarás de día de campo (todavía), pero te sentirás mucho más seguro con un plan de respaldo.

OPORTUNIDAD DE GANANCIAS

En esencia, la iniciativa empresarial se trata de ser propietario. Puedes trabajar durante años y juntar un cheque de nómina tras otro, pero si no eres dueño, por lo general la oportunidad de construir riqueza verdadera es limitada. Cuando apenas empezaba en el negocio de las inversiones, uno de mis colegas me explicó que como un empleado en la firma, sería titular de una pequeña parte de cada una de sus inversiones. Me miró con seriedad y dijo: "Patrick, éste es el regalo que sigue dando." No estaba muy seguro de lo que quería decir. Fuera de un montón de ropa y aparatos, nunca había sido dueño de nada, mucho menos de una parte de la compañía. ¿Cuáles eran los beneficios? "La cosa es" continuó "que aunque dejes este lugar, estarás recibiendo cheques por correo durante los siguientes cinco o diez años." Es el valor de la posesión. Una vez dueño de algo, es tuyo para siempre y te beneficiará de manera inesperada.

Como Emprendedor 10%, puedes crear un portafolio de actividades económicas que representarán el "regalo que sigue dando" para ti. Al hacerlo, acumularás intereses económicos en empresas o proyectos que tengan el potencial para generar atractivos rendimientos o inversión con el tiempo. Recuerda que es una estrategia a largo plazo, no un esquema de hazte-rico-rápido. Claro, tal vez tengas una inversión o dos que generen rendimientos significativos en corto tiempo, pero no es la norma. Tu meta es hacer las cosas que disfrutas para construir valor real a la larga. Si te das cuenta de las ventajas al invertir tiempo y energía, puedes abrir múltiples caminos para verdaderos rendimientos financieros.

Tomemos el caso de Bunny Inc. Cuando conocí a Alex, hace algunos años, me pidió ser Asesor de la compañía. Como verás en el siguiente capítulo, los Asesores dan su tiempo o capital de esfuerzo a una empresa y son compensados con participación en las acciones. El trato es simple. A cambio de trabajar dos horas al mes con la dirección durante dos años, la compañía me concede 0.5 por ciento de sus acciones. Mi relación con Bunny Inc. se basa en la confianza del CEO al saber que ayudo de modo regular con estrategia, consejo y presentaciones. Aunque el tiempo compromiso acordado encaja dentro de mi 10%, la compañía también se beneficia de todo el conocimiento, conexiones y perspicacia que desarrollo en el otro 90 por ciento de mi vida profesional. Es un acuerdo muy gratificante, personal y financieramente.

Si inviertes tiempo o dinero, volverte propietario te da acceso a un universo de ventajas y beneficios que nunca tendrás si no participas de las acciones. Ahora, ¿qué significa en pesos y centavos? Bueno, si confías en la valuación de la compañía que hizo *Economist,* entonces hoy mis acciones están valuadas en 250 000 dólares, con muchas oportunidades de crecimiento.[17] Es un rendimiento muy agradable de mi inversión de tiempo y energía, en especial si lo analizas por horas.

HACE LA VIDA MÁS RICA Y MÁS INTERESANTE

Si estás pensando volverte Emprendedor 10%, es muy probable que te hayas dicho una o más de las siguientes frases:

"Me gusta mi trabajo, pero de alguna manera espero algo más. Es decir, estoy donde siempre quise estar y algo en mi cabeza dice… ¿esto es todo?"

O:

"Siempre deseé tener un negocio por mi cuenta, pero no hay modo de dejar la firma en este momento. Sería una locura salirse de una buena situación y no quiero abandonar mi sueño por completo. Necesito una forma de disfrutar lo mejor de ambos mundos."

O:

"Extraño trabajar con emprendedores y lanzar algo nuevo. Siento como si diera lo mejor de mí cuando estoy fuera de mi zona de comodidad, pero no busco empresas fuera de mi estabilidad por completo."

O:

"Conozco a muchas personas y parece que de todos modos les ayudo a hacer este tipo de cosas, pero gratis. Debe haber una manera de monetizar todas esas conexiones."

Incluso:

"Básicamente estoy harto del trabajo, pero no puedo irme, no podría solventarlo. No quiero mirar atrás un día con arrepentimiento… no estoy seguro de cómo salir de esta rutina."

Hay un tema común en todos estos mensajes: queremos más. Deseamos conectar con gente nueva, probar ideas novedosas, monetizar nuestras redes y conocimientos, colaborar para resolver problemas y ser parte de algo más grande que nosotros. Lo más importante: nos gusta aprender y crecer personal y profesionalmente. Cada inversión en mi portafolio de empresas complementarias genera rendimientos que van más allá de los pesos y centavos. He conocido gente maravillosa, desarrollado habilidades valiosas y contribuido (tanto como he podido) para hacer que cada esfuerzo resultara más exitoso de lo que habría sido sin involucrarme.

Las firmas de planificación financiera adoran hacer publicidad que muestra los beneficios de prepararse bien para el retiro. Por lo general, si pones atención, notarás que los comerciales presentan personas retiradas muy sonrientes que por fin terminaron su vida laboral. Están felices porque ahorraron de manera sabia y harán lo que quieran. Cada vez que veo uno de estos anuncios, me impresiono de lo anticuados y obsoletos que son. ¿Quién quiere esperar el retiro para dedicarse a sus sueños? ¿Por qué trabajar en tus proyectos debe ser después de tu carrera? ¿Por qué no hacerlo al mismo tiempo que todo lo demás, incluso seguir después de tu "retiro"?

Dan Gertsacov no esperaría el retiro para hacer lo que ama. Nació en Rhode Island y ahora vive en Bogotá, Colombia, donde es el director digital de Arcos Dorados (McDonald's Latinoamérica). Gracias a su pasión por la vida en general, además de su experiencia abriendo la oficina de Google en Colombia, no es de sorprender que sea un Emprendedor 10%. Invierte o asesora a muchas compañías en los ámbitos tecnológicos, de publicidad y comercio en línea en Latinoamérica. Tengo la oportunidad de verlo en acción porque los dos somos Asesores de Bunny Inc.

Aunque está muy ocupado con su trabajo en McDonald's, sus proyectos complementarios y su familia, Dan se hace un espacio para mejorar sus habilidades como chef (sus vacaciones muchas veces incluyen días en escuelas de cocina). Ha estudiado en varias academias culinarias y sabe que no quiere ser chef. Es sólo una manera fantástica de relajarse en su tiempo libre, pero no quiere pasar así todos los días de su existencia.

Entonces, descubrió otra manera de integrar esta pasión en su vida: dedicarse a ella de manera complementaria e invertir en La Xarcuteria, un restaurant local operado por un chef prometedor. No sólo le ofrece ventajas financieras, también enriquece su vida de manera profunda.

Pregúntale a cualquier padre de familia y te dirá que quiere que sus hijos tengan una formación integral. Entonces, ¿por qué abandonamos este principio cuando somos adultos? Tal vez te encanta construir muebles, eres un fotógrafo o diseñador de interiores entusiasta. Si el dinero no fuera una objeción, te dedicarías a esta disciplina como carrera. Pero también reconoces que si te falta la independencia económica, enfrentarás carencias. Es natural escoger la seguridad sobre la pasión (muy poca gente está dispuesta a hacer sacrificios financieros y personales para lograr lo contrario). Esto no significa que debas aguantarte. En vez de hacer intentos aquí y allá o simplemente posponer las cosas que disfrutas hasta alcanzar tu retiro, dedícate a proyectos empresariales de medio tiempo que integren tus intereses personales y te permitan practicarlos de manera significativa, profesional y rentable.

CONSTRUYE UNA CARRERA MÁS FUERTE Y EMPRESARIAL

A simple vista, involucrarte en empresas y proyectos fuera de tu trabajo fijo se origina en el interés propio. Usas tus habilidades, red de contactos y conocimiento (algunos de los cuales adquiriste en tu trabajo de tiempo completo) para crearte más oportunidades. Al mismo tiempo, al aceptar este reto y enfocarte en ti, desarrollas, profundizas e incrementas habilidades y relaciones y demuestras diferentes fuerzas que te harán más eficiente en la oficina.

Más negocios de los que imaginas buscan maneras de estimular la iniciativa empresarial dentro de los diferentes rangos de sus empleados. En una época de cambios rápidos, las compañías están hambrientas de pensamiento fresco y liderazgo creativo que las represente en el siguiente nivel de crecimiento. Estas habilidades son fundamentales ya seas gerente en un pequeño negocio de manufactura en Michigan o socio de Goldman Sachs. Por desgracia, la mayoría de las compañías sufren para enseñar este tipo de competencias dentro de un ambiente corporativo. No importa cuántos cursos de entrenamiento o ejercicios completes, la única forma de aprender a pensar como emprendedor es haciéndolo.

Si las compañías quieren hacer más que sólo hablar de innovación, necesitan encontrar una mejor manera de fomentar una cultura que enseñe la iniciativa empresarial. Algunas empresas (incluso las que parecen formales y las corporaciones tradicionales) piden a sus trabajadores pensar más allá de las especificaciones de su trabajo. De alguna manera, desarrollan sus propios Emprendedores 10% para impulsar el pensamiento creativo y descubrir la siguiente gran idea. Por ejemplo, el Post-it resultó de una famosa política de "contrabando" de la empresa 3M. Esta compañía alentaba a su personal a pasar 15 por ciento del tiempo laboral en sus propias empresas. En fechas más recientes, Google inició su renombrado modelo 70-20-10 al pedir a sus empleados que asignaran una porción de su tiempo a proyectos fuera del negocio principal. Ambas compañías, y muchas otras, llevarán las cosas al siguiente nivel y se volverán más eficientes, rápidas e innovadoras cuando alienten a su gente a dar rienda suelta a sus talentos empresariales fuera de la oficina, y (aquí viene lo importante) canalizar esas experiencias de vuelta al trabajo.

Las actividades empresariales de Hillyer Jennings benefician su trabajo como abogado de forma directa. Este fan extremo de la Universidad de Georgia (su cocina está decorada con los colores oficiales de la escuela) es el creador de Wrist Tunes, una compañía que hace pulseras musicales de colores brillantes con salidas de audio que reproducen un clip o una canción. Si eres un fan de Georgia, significa que puedes tocar el himno de los Bulldogs "Gloria, Gloria" para que todo el mundo lo escuche, no importa si estás en el partido de futbol americano o en Machu Picchu (como lo demostró en el sitio web de la compañía).

Suena divertido, ¿no? Pues también es un verdadero negocio. Hillyer empezó Wrist Tunes mientras estaba en la escuela de leyes. Después recaudó capital de inversionistas, consiguió la licencia para usar el logo y el himno, aplicado para las dos patentes, y se aseguró un socio de manufactura en Asia. A través de su sitio web y una distribución con su red de contactos en más de cien tiendas, Hillyer ha vendido cerca de 50 000 dólares en pulseras… hasta ahora. Éstas son sólo las ventas de una universidad. Ahora que ha validado su modelo de negocio, imagina lo que Wrist Tunes puede lograr cuando se dirija a otras grandes comunidades de alumnos. Además, encabeza el negocio, experimenta con nuevas extensiones de productos y explora las oportunidades de crecimiento, todo mientras construye su currículum como abogado corporativo.

Cuando eliges la iniciativa empresarial, tomas riesgos, construyes nuevos contactos y te vuelves un profesional más versátil.

También aprendes cómo venderte y agregar valor al negocio. Ninguna de estas actividades tiene que alejarte de tu trabajo fijo, de hecho, pueden combinarse. Hillyer está convencido de que Wrist Tunes tiene un potencial verdadero, pero también está muy contento con su empleo. Valora los retos, oportunidades de aprendizaje, credibilidad y estabilidad financiera que le dan el trabajar en un despacho. Al mismo tiempo, Wrist Tunes le da experiencias que lo hacen un abogado de mentalidad mucho más comercial. Al operar su propio negocio, ve el mundo de manera diferente, más desde el punto de vista de los clientes (de otra manera no lo haría).

No hay necesidad de esconderse o trabajar en las sombras. Toda la gente que conocerás en este libro lleva a cabo sus actividades de manera abierta, justo porque no afectan el compromiso con sus trabajos de tiempo completo. Al contrario, son más efectivos. Imagina si tu compañía compra una copia de este libro y los estimula a dedicarse a sus proyectos en el tiempo libre. ¿Qué diría esto sobre su dedicación a desarrollar talento dentro de sus empleados? Si te apoyara mientras construyes una parte de tu carrera por tu cuenta, tu empresa dejaría algo muy claro: quiere atraer y retener a la mejor gente posible.

PUEDES ADAPTAR LA INICIATIVA EMPRESARIAL A TU VIDA COMO NUNCA ANTES

Cada idea o proyecto empieza con un impulso. ¿Qué pasaría si invierto en esa compañía? ¿Qué tal si empiezo un pequeño negocio complementario? Una luz aparece en tu cabeza, se te prende el foco, te inspiras y sueñas. Es la fase de la luna de miel. Es divertido, pero todavía no haces pruebas ni enfrentas obstáculos. Los impulsos son una parte esencial del viaje de cualquier emprendedor, pero sólo son el principio de esfuerzos mucho más grandes.

La buena noticia es que nunca ha habido un mejor momento para lanzar y dirigir un proyecto empresarial. Vivimos en un mundo súper conectado y móvil donde la tecnología es extendida y barata. Como resultado, por primera vez en la historia puedes trabajar en lo que quieras en el tiempo y el lugar que escojas. Siempre y cuando tengas una conexión a internet, un smartphone, y tal vez una laptop, estás listo para hacer negocios. No importa si decides abrir una tienda en Etsy, instalar un sitio web de comercio en línea para Wrist Tunes o representar voces en *off* en Bunny Inc., puedes vender bienes y servicios a clientes de todo el mundo desde donde quieras.

Todo se reduce a flexibilidad, que te permite mantener costos bajos, permanecer ligero y trabajar en la manera que tenga más sentido para ti. ¿Has visto todas esas personas con laptops cuando vas a la cafetería? Hacen que te preguntes: "¿Por qué todo el mundo está de vacaciones menos yo?" Es muy probable que no estén de vacaciones: son los nuevos trabajadores móviles. Puedes sentarte en un café en Londres, Seúl o Ciudad del Cabo, siempre y cuando estés conectado, serás completamente operacional. Una vez en marcha, es posible controlar tus costos y ser ágil gracias a la economía de uso compartido. Si quieres una oficina, compañías como WeWork proveen espacio por encargo en ciudades alrededor del mundo. Labor también es cada vez más flexible y por encargo. Gracias a gente como Alex y Tania en Bunny Inc., así como a las plataformas de trabajo en línea como Upwork,[18] puedes construir tu sitio web, diseñar tu logo, hacer un plan de acción o grabar tu siguiente comercial de radio al trabajar *free lance* en todo el mundo.

Todas estas tendencias son tus amigas. Crean las condiciones adecuadas para que la iniciativa empresarial de medio tiempo sea más accesible que nunca. También te permiten adaptarla al resto de tu vida. Como verás en el siguiente capítulo, así como hay varios tipos de emprendedores de tiempo completo, también los hay de Emprendedores 10%. Según tus experiencias e intereses, puedes colaborar con diferentes recursos (tiempo o dinero) en cada esfuerzo. A cambio de esta contribución, crearás opciones que te ofrecerán algunas o todas las ventajas que vimos en este capítulo. Éstas son el *porqué* de volverte un Emprendedor 10%, y tal vez escojas más de un camino para cumplir múltiples objetivos.

CAPÍTULO 3
Los cinco tipos de Emprendedor 10%

En realidad, Peter Barlow nunca consideró la iniciativa empresarial mientras crecía. Para un niño clase media de Texas, medicina y leyes eran los dos boletos para una vida interesante, respetable y cómoda, y eso era lo que quería. Se decidió por la carrera de leyes, pero después de algunos años en un despacho, se cambió a un negocio de software de rápido crecimiento. Luego descubrió malos manejos en el nivel más alto de la compañía y buscó una ruta de escape. Cuando lo despidieron, desarrolló una nueva apreciación por su antiguo despacho, así que se reincorporó, trabajando de manera feliz en su práctica de aviación. Le quedaba bien de modo natural. Desde su abuelo, todos los miembros de su familia se obsesionaron con los aviones.

De regreso en el despacho, Peter seguía con un ojo en las empresas complementarias. Pronto, un colega en desgracia de la compañía de software lo invitó a lanzar una agencia de *brokers* de autos lujosos. Como le encantaban los autos tanto como los aviones, Peter le ayudó en su tiempo libre a cambio de acciones.

La *startup* creció de manera constante y le permitía negociar autos increíbles para él y sus compañeros en el despacho, todo mientras mantenía su trabajo fijo.

En este punto, se metió de lleno en otra funesta iniciativa empresarial. Su cliente Skybus Airlines, estaba lanzando la primera aerolínea a súper bajo costo en Estados Unidos. Peter aceptó el puesto de abogado general, convencido de que esta vez, todas las piezas estaban en su lugar. La compañía tenía un equipo de administración excelente y recaudó más de 150 millones de dólares. ¿Qué podía salir mal? Por desgracia el momento no pudo ser peor. Skybus fue lanzado justo antes del doble desafío de la crisis financiera global de 2008 y el aumento repentino de los precios del combustible. En cuestión de meses, la compañía ya no era viable. Peter trabajó con el equipo ejecutivo en la triste tarea de despedir a más de seiscientos empleados en una sola tarde. Regresó a su despacho de abogados, esta vez para bien. Había vivido un proyecto fracasado de tal manera que, si volvía alguna vez a ser emprendedor, lo haría de manera complementaria.

Tuvo su oportunidad un año después, cuando vio que el hombre sentado a su lado en el avión estaba hojeando un *pitch deck* (presentación para inversionistas). Resultó que su compañero de asiento, Todd Belveal, había pasado buena parte de los últimos dos años trabajando en un plan para una compañía innovadora de renta de autos. Al final del vuelo, Peter estaba enganchado en la idea y convencido de que podía ayudar: fue representante legal de una aerolínea, amaba los autos y los aviones y lanzó nuevos proyectos que involucraban a ambos. Peter y Todd intercambiaron información, y pronto estaban hablando con regularidad para pulir la presentación y el modelo de negocio. Entonces Peter llamó a Bill Diffenderffer, el antiguo CEO de Skybus y un emprendedor en serie. Después de pasar un fin de semana frente a un pizarrón blanco debatiendo el plan de negocios, los tres hombres decidieron hacerse socios. Peter lo hizo con la condición de que se quedaría en su despacho de abogados y sólo sería Emprendedor 10%.

En la actualidad, la compañía se llama Silvercar y es reconocida por reinventar por completo la experiencia de rentar un auto. No hay filas ni papeleo y la flota de Silvercar sólo se compone de Audi A4 plateados. Lo que fue una idea en un *pitch deck*, se convirtió en un negocio dinámico. Al final de su tercer año de operaciones, la compañía controla una flotilla de más de mil automóviles con las características mencionadas, en diez locaciones en todo Estados Unidos. También recaudó 50 millones de inversionistas que incluyen a Audi y Eduardo Severin, el cofundador de Facebook. Ahora que Peter Barlow es socio administrador de la oficina en Nueva York de su despacho de abogados, no tiene ninguna responsabilidad formal en Silvercar, pero mantiene una posesión de acciones significativa e invierte cada vez que buscan financiamiento.

Como verás en este capítulo, no tienes que escoger un solo camino. Cuando desarrollas un conjunto de habilidades empresariales, puedes adaptar tu portafolio de actividades a tus metas y recursos. Aunque Peter abandonó la montaña rusa del emprendedor de tiempo completo, se volvió un Emprendedor 10% serial. Al localizar las oportunidades que construye sobre sus fortalezas y usar su conocimiento y su red de contactos para hacer que las cosas se vuelvan realidad, es inversionista Ángel (tipo de Emprendedor 10% que conocerás más adelante), Asesor y socio en dos negocios exitosos, todo mientras mantiene una práctica sólida en leyes. Al hacerlo, crea ventajas significativas en estos proyectos complementarios mientras disfruta la estabilidad de una carrera legal exitosa y lucrativa.

EMPRENDEDOR 10% NO ES LO MISMO QUE **FREE LANCE**

A esta altura, tal vez te preguntes cual será la diferencia entre un Emprendedor 10% y un *free lance*. Aunque este último integra flexibilidad en su forma de trabajar, no es un Emprendedor 10% *per se*. Es un empleado contingente que cobra una tarifa por su tiempo y es compensado con dinero en efectivo por su resultado. Algunos trabajan sólo con un cliente, son como un trabajador de tiempo completo sin un compromiso a largo plazo. Otros operan como firmas de consultoría que ofrecen recursos especializados al involucrarse con múltiples clientes. Por lo general, un *free lance* no es dueño de acciones en estos proyectos u operaciones, más bien se concentra en facturar por los servicios prestados.

Un Emprendedor 10% tiene un enfoque distinto. Como ya tienes un trabajo fijo que te da un ingreso regular, usarás tu 10% para construir valor a largo plazo en varias empresas. Pensarás como *dueño* y usarás tu tiempo, dinero o una combinación de los dos para adquirir o crear acciones en uno o más negocios. De manera más simple, no vas a facturar por hora. Inviertes para convertirte en dueño.

Si ser *free lance* es tan arriesgado como hasta ahora, no hay necesidad de preocuparse (es un primer paso muy natural en el camino a la Iniciativa empresarial 10%). De forma natural, tendrás la oportunidad de construir una lista de clientes, expandir tu red de contactos y reunir un historial de logros hecho por tu cuenta. El nombre en tu tarjeta de presentación es tuyo y tu trabajo se representa por sí solo. Ahora, todo lo que debes hacer es pensar como dueño cuando las condiciones lo permitan. Conforme ganes experiencia busca oportunidades de manera activa para asociarte con otros emprendedores, negociando tu tiempo y experiencia como capital de esfuerzo en emocionantes proyectos que necesitan y valoran tus habilidades.

LOS CINCO TIPOS DE EMPRENDEDOR 10%

Ángel, Asesor, Fundador, Aficionado y Emprendedor 110%. Como Ángel o Asesor, inviertes tu capital, habilidades o ambos para ayudar a otras personas a que hagan crecer sus compañías. En vez de empezar una empresa por ti mismo, gastas tu tiempo contribuyendo al éxito de los proyectos que son construidos y manejados por otros. Por el contrario, como Fundador, creas y manejas tu propio negocio, incluso mientras continúas en un trabajo fijo. Los últimos dos tipos, Aficionados y 110%, representan un tipo particular de Ángel, Asesor o Fundador que persigue objetivos específicos: como Aficionado, utilizas la iniciativa empresarial para explorar tu pasión, mientras como 110%, ya eres emprendedor de tiempo completo, así que tu objetivo principal es diversificarte.

1. El Ángel

Las firmas de capital de riesgo tal vez siguen siendo la ley en Silicon Valley, pero no son la única cerveza del estadio. Ahí es donde tú entras en la foto. En una época en la que es más barato empezar una compañía, muchos inversionistas de riesgo no quieren salir de la cama para hacer un cheque pequeñito. Eso significa que en la actualidad, individuos como tú y yo somos fuente importante de financiamiento para nuevos proyectos. Estos inversionistas llamados Ángel, fueron los primeros patrocinadores de compañías como Google, PayPal, Starbucks y The Home Depot. En 2013, más de 300 000 inversionistas Ángeles recaudaron alrededor de 24.1 billones de dólares en 73 400 compañías,[19] lo que representó un incremento aproximado de 60 por ciento más que la década pasada.[20]

Para mucha gente, convertirse en Ángel es el primer paso lógico para la iniciativa empresarial 10%. Para mí lo fue. Al inicio, no estaba seguro de cómo se desarrollaría mi nuevo negocio complementario, pero sí sabía una cosa: quería empezar. Cuando les conté a mis amigos y contactos profesionales de mis aspiraciones, compartieron oportunidades de inversión conmigo. Los tipos de compañías y el capital requerido varían mucho, desde 5 000 hasta 25 000 dólares y a veces más. Era mi trabajo descubrir cuánto dinero quería comprometer en una empresa y determinar si ese proyecto tenía ventajas o ganancias.

Farah Khan pasa sus días trabajando en una firma de inversiones que respalda compañías de rápido crecimiento en el terreno del consumo. Es un rol que la mantiene ocupada, pero (hasta donde las reglas de su compañía lo permiten) se da un tiempo para invertir su propio capital en empresas más pequeñas por debajo del monto mínimo de inversión de su firma. Farah ve una relación benéfica clara y mutua entre su trabajo fijo y sus inversiones personales. Pronto se dio cuenta de que todas las horas y esfuerzo dedicados a administrar inversiones para su jefe le enseñaron cómo trabajan estos negocios. Aprendió qué hace crecer a estas compañías, es decir, cómo de una buena idea se convierten en líderes de la industria. Fue muy educativo.

Para Farah, invertir en proyectos complementarios no sólo se trata de construir un portafolio de propiedades personales que incrementarán su dinero a largo plazo. También es una manera de mejorar sus habilidades y beneficiar a la firma al mismo tiempo. Se mantiene en el top de las tendencias de la industria y se reúne con emprendedores talentosos que empiezan la siguiente ola de emocionantes compañías enfocadas en el consumo. Ese conocimiento y esas relaciones conforman su trabajo y la hacen una mejor inversionista (lo cual es muy bueno para su trabajo fijo). Cuando se reúne con emprendedores que operan compañías grandes y pequeñas, puede hablar con credibilidad desde la perspectiva de alguien que ayuda a construir negocios desde cero.

Como puedes ver, convertirte en Ángel tiene una clara dimensión financiera. Así que, ¿cuánto dinero debes comprometer? Al igual que muchas preguntas en la vida la respuesta es depende. No hay requerimientos escritos o reglas estrictas sobre cuánto *necesitas* invertir, varía según tus recursos y los intereses de los fundadores de la compañía que buscan capital. Por lo general, los Ángeles participan junto a otros inversionistas incipientes, así que se espera que sólo contribuyas con una porción del capital recaudado. Es decir, si la compañía está juntando un millón de dólares, tu contribución de 5 000 quizá no los emocione, a menos que traigas otros activos no financieros a la mesa. Por otra parte, si una compañía acumula una cantidad más pequeña, 5 000 dólares pueden ser significativos. Además, siempre puedes hacer que tu dinero cuente al juntarte con otros pequeños inversionistas o uniéndote a un grupo de Ángeles. En el otro lado del espectro, algunas oportunidades necesitarán que inviertas grandes cantidades, digamos 25 000 dólares o más. Esto tal vez sea apropiado para ti, pero como verás más adelante, tu capacidad para invertir dependerá de cuánto dinero determines que puedes colocar en tu 10%. Cuando empecé como Ángel, me sentía bastante inseguro sobre la cantidad a invertir. No era el tipo más rico en la sala y no quería parecer pobre o tacaño. Luego escuché la historia del inversionista de Twitter Dick Costolo. Cuando Twitter juntaba dinero, su cofundador Evan Williams le mandó un mail a Costolo, quien acababa de vender su compañía a Google, para preguntarle si quería invertir 25 000 o 100 000 dólares. Costolo, quién después se convertiría en el CEO de Twitter, le respondió minutos después: "Estoy en el autobús de 25 000." Su respuesta cambió mi percepción por completo. Si un tipo que vendió su compañía a Google se siente cómodo siendo el inversionista más pequeño en una compañía por qué no hacerlo. Incluso las "pequeñas" inversiones pueden dar fabulosos resultados: Costolo hizo millones manejando el autobús de 25. Tú puedes hacer bastante dinero manejando autobuses de 5 o de 10.

Invertir en proyectos empresariales, ya sea por tu cuenta o como parte de un grupo, no sólo se trata de ganancias económicas, también hay diversión. Sumérgete en los retos que los negocios pequeños y de rápido crecimiento enfrentan. Aplica el conocimiento desarrollado en el transcurso de tu carrera para tu propio beneficio. Si trabajas en un sector determinado y lo conoces como la palma de tu mano, al convertirte en Ángel monetizas ese conocimiento mientras construyes una red de emprendedores e inversionistas que serán tus socios en otros proyectos. Por último, las inversiones proveen entradas a otros puestos. En algunas ocasiones, pon capital de esfuerzo junto a tu inversión en efectivo, así incrementas tus rendimientos sin arriesgar más capital. Como Emprendedor 10%, no tienes que contribuir con dinero en efectivo para convertirte en accionista de una compañía.

2. El Asesor

Quizá tienes más que ofrecer en conocimiento que en efectivo. En tal caso, sirve como Asesor. No necesitas invertir capital, tu moneda es la experiencia. Las compañías nuevas, en especial cuando son el primer *startup,* no pueden solventar los contratos de toda la gente para seguir adelante con el negocio. En vez de eso, trabajan con un equipo pequeño, en el que todo el mundo es requerido para ser todólogo. Después, cuando el negocio avanza, las distintas funciones se solidifican en departamentos como mercadotecnia, operaciones, finanzas y ventas. Hasta ese momento las compañías necesitan multitareas. Todos, desde el CEO para abajo, asumen diferentes roles y responsabilidades, muchas veces en áreas donde les falta experiencia. Como Asesor puedes llenar los huecos con conocimiento hasta que la *startup* esté lista para contratar talentos de tiempo completo. También aportas la credibilidad y perspectiva de alguien que "ya conoce el medio".

Es seguro decir que en el mundo de los comercios en línea, la experiencia de Beth Ferreira la clasifica como conocedora del medio. Empezó su carrera como inversionista de riesgo y consultora de dirección antes de convertirse en vicepresidenta de operaciones y finanzas en Etsy. Después tomó el puesto de Directora ejecutiva en Fab.com, donde construyó y dirigió una operación que transportaba 250 000 paquetes al mes y aumentó el *staff* de la compañía de 0 a 250 empleados. Gracias a su considerable credibilidad es muy solicitada. Ha sido Asesora de compañías como Birchbox, Pixable y Coupang, un sitio de comercio en línea con más de un billón de dólares en capital. Cuando estas compañías la llaman, no buscan el dinero en efectivo. Quieren ayuda. Como Beth dijo: "Alguien que llena un cheque, por lo general no se sienta en un almacén durante dos años para entender cómo funcionan las cosas."

Entonces, ¿cómo se hace todo este trabajo? Como Asesor, te comprometes a cierto número de horas al mes y se te compensan con acciones. Aunque el consejo o experiencia que provees puede ser general, según tus talentos, es posible que ayudes con cualquier cosa, desde hacer presentaciones clave para crear proyecciones financieras, analizar una renta, diseñar un logo o preparar mercadotecnia para recaudar fondos. Aunque las compensaciones varían, la mayoría de los Asesores reciben entre 0.2 y 2 por ciento de la compañía y por lo general apartan unas pocas horas al mes durante un año o más. También puedes trabajar a corto plazo o en proyectos únicos.

No necesitas ser un hacker o un genio en mercadotecnia para tener acciones de Asesor. Mira el caso de David Choe, artista del *graffiti* que recibió acciones en Facebook por los murales que pintó en las oficinas centrales. Cuando Facebook se hizo público, sus acciones (que es probable que representaran menos de 0.25 por ciento de la compañía cuando se le asignaron) fueron valuadas en cientos de millones de dólares.[21] Cuando comparas los miles que pudo recibir en efectivo con la fortuna que le pagaron en acciones, es claro que incluso una pequeña parte de acciones en la compañía correcta cambia tu vida.

Más allá de ganar acciones, disfrutarás otros beneficios. Primero, usar tu rol de Asesor para aprender nuevas habilidades, enfrentar retos y aumentar tu conocimiento de una industria. Segundo, expandir tu red de contactos para incluir a muchos emprendedores talentosos, algunos de los cuales tal vez se conviertan en íconos en sus industrias. Tercero, muchas veces tienes la opción de convertirte en Ángel cuando la compañía junta dinero. Por último, la posición de Asesor se vuelve una entrada natural para roles más largos (incluso de tiempo completo) si una compañía despega. Si trabajas bien con tu equipo, tal vez decidas unir a ellos tu talento. Desde la perspectiva de Beth, nunca sabes a dónde te llevará ser Asesor, así que es una buena oportunidad de "probar antes de comprar".

3. *El Fundador*

Es un frío día de enero y me encuentro en un restaurante de la costera preguntándome qué ordenar. "Prueba el bisqué de langosta", sugiere Luke. Asiento con la cabeza y sigo su consejo. No voy a contradecir a un tipo que vende millones de dólares de *lobster rolls* en restaurantes de un lado a otro de la Costa Este. Luke Holden es el Fundador de Luke's Lobster. También lo conocen como "Señor Langosta", por esos lugares. Esto en verdad significa algo ya que "esos lugares" se refieren a Portland, ciudad acogedora en la costa de Maine y la capital mundial de la langosta. Es miembro del consejo directivo del Lobster Institute y fue nombrado en la lista "30 Under 30" de *Inc., Forbes* y Zagat. Nada mal para alguien que ideó su negocio y supervisó gran parte de su primer año de operaciones mientras trabajaba de tiempo completo en un corporativo.

Como Fundador, buscas balancear lo mejor de ambos mundos al mantener un empleo de tiempo completo al tiempo que lanzas proyectos empresariales. Al hacerlo, puedes crear opciones más allá de tu trabajo fijo, pero sin arriesgar la seguridad, el prestigio y la recompensa financiera que ofrece un empleo estable. Esto te da la oportunidad de determinar si una operación es viable y si disfrutas ser líder de una empresa. Si el nuevo negocio gana terreno y requiere más tiempo del que le das, debes tomar una decisión: dejas tu trabajo fijo y te vuelves emprendedor de tiempo completo, o mantienes el *statu quo* (es decir, sigues en tu empleo y encuentras un socio que te ayude a llevar las cosas al siguiente nivel).

La primera vez que escuché de Luke's Lobster fue porque, como cualquier neoyorquino nativo de Maine, quería encontrar un buen *lobster roll*. En casa, todos crecimos comiendo estos sándwiches de langosta en pan para *hot dog*. Recuerdo que los poníamos en platos desechables y nos sentábamos en las mesas de picnic del parque. De alguna manera los chefs de Nueva York decidieron que la langosta era una experiencia de mantel blanco y elegante. Su precio refleja esa tendencia. Tuve suerte de que Luke Holden, quien también viene de Maine, enfrentara el mismo dilema. Un día, después de algunos años trabajando hasta noventa horas a la semana en un banco de inversiones, decidió hacer algo al respecto. El simple, pero ingenioso, plan de Luke fue traer los rituales que conocía de su casa a las masas de Manhattan, así transformó la langosta y la volvió un lujo razonable y accesible en vez de un derroche una-vez-al-año.

Luke no empezó su compañía porque quisiera escapar de los rigores de Wall Street para convertirse en el zar americano de la langosta. Aunque le emocionaba la idea, al principio no tenía la intención de dejar su trabajo fijo. Le gustaba el reto intelectual, respetaba a sus colegas y sabía que el entrenamiento y la experiencia que le proveía serían indispensables para cualquier cosa que hiciera después. Además necesitaba el dinero. La primera vez que Luke se mudó a Nueva York, sólo tenía a su nombre un montón de deudas de tarjetas de crédito. Ahora, después de trabajar unos cuantos años, tenía algunos ahorros, pero no estaba en posición de dejar su empleo. En ese punto enfrentó una encrucijada: podía encontrar el tiempo para desarrollar un plan de negocios o dejar sus sueños en espera y retomarlos en el futuro. Era probable que nunca hubiera un tiempo perfecto para escoger la iniciativa empresarial en términos de su agenda o finanzas, así que decidió explorar el negocio de manera complementaria, feliz de tener un trabajo estable para pagar las deudas mientras formulaba un procedimiento.

Después de escribir el plan de negocios, Luke supo que necesitaba ayuda si trabajaría de tiempo completo mientras abría sus primeras tiendas. Encontró a su socio, Ben Conniff, en Craigslist y entre los dos juntaron 35 000 dólares para abrir la primera tienda Luke's Lobster en un pequeño escaparate de East Village. En diecisiete días recuperó el costo de la tienda. Incluso con este éxito inmediato, Luke siguió trabajando en el banco durante casi un año antes de aceptar una reducción de

75 por ciento de su sueldo para ganar 35 000 dólares al año como presidente de la compañía. Cinco años después, Luke's Lobster tiene veinte tiendas en siete ciudades de Estados Unidos y en Tokio. Entre las operaciones de venta al menudeo y la planta procesadora de mariscos en Maine, Luke tiene más de 250 empleados.

A diferencia de un Ángel o un Asesor, cuyos esfuerzos se centran en construir un portafolio de posiciones, como fundador enfocarás toda tu atención en una compañía y tendrás control operacional. Junto con Ben, Luke carga el destino del negocio en sus hombros. Esto significa que asume más riesgos que un Ángel como Farah Khan o un Asesor como Beth Ferreira (Luke está menos diversificado), pero también ve de manera potencial rendimientos mucho más grandes. Es dueño de un porcentaje significativo de una compañía que da millones en ventas, una marca fabulosa, unos clientes profundamente leales en múltiples geografías. Además, hay muchas oportunidades de crecimiento porque Luke's Lobster sólo ha arañado la superficie de un mercado grande y atractivo. Todavía no es seguro en cuánto valuarán la compañía de Luke cuando se expanda, pero es claro que este hombre es dueño de hermosas acciones que son una gran promesa. Cuando lo pones de este modo, suena a que Farah debería considerar invertir en Luke's Lobster.

Como Fundador, debes llegar a un delicado balance entre tu trabajo fijo y tus otros compromisos. Si andas de aquí para allá construyendo un negocio por ti mismo, ¿cómo te asegurarás de no afectar o contaminar el trabajo que haces para los demás? En la era digital, es difícil mantener secretos. Para Luke, la decisión de ser completamente abierto con sus jefes sobre el negocio de la langosta fue pan comido. En primer lugar, su nombre está en el letrero que cuelga en la tienda de la Séptima Avenida. En segundo, el grupo de cumplimiento de la firma requiere que él reporte cualquier posesión de negocio personal significativo. Si tu nombre está o no en un letrero, respetarás las políticas de tu empresa. Es lo correcto y también es un buen negocio. Sólo pregúntale a Luke. Sus colegas en el banco apoyaron sus ambiciones y fueron de sus primeros y mejores clientes.

4. El Aficionado

Como Aficionado, canalizas tiempo y energía significativos (igual que Ángel, Asesor o Fundador) en hacer algo que en verdad amas. Incluso si te involucras de medio tiempo, tu interés está lejos de ser aficionado y no estás contento con tenerlo de *hobby*. No quieres tocar la trompeta solo, en tu garaje, y no estás satisfecho con hacer galletas nada más para tu familia y amigos. Aunque no planees dedicarte a tu pasatiempo favorito como carrera, quieres aplicar tus habilidades en el nivel más alto posible, y hacerlo junto a profesionales. Esto es una vocación, pero una que enfocas con el mismo nivel de profesionalismo que un Ángel, Asesor o Fundador. La diferencia es que la motivación que lo impulsa es la pasión, en vez de la pura ganancia. En este caso, también piensas como emprendedor por lo que tu trabajo duro puede llevarte a una oportunidad de negocio autosustentable.

Cuando Mildred Yuan, mi agente literario, leyó por primera vez la propuesta de este libro, me sorprendió lo rápido que entendió el concepto. Entonces me contó que cuando no trabajaba en la agencia, era bailarina profesional. Bailaba desde niña y hasta consideró estudiar ballet como carrera profesional. Pero como "hija de padres asiáticos" (así se autodescribe), fue desalentada para elegir una vida en las artes, por lo que estudió economía. Con una carrera como bailarina inalcanzable, cambió su atención al baile de salón porque podía disfrutarlo más tiempo que el ballet clásico. Unos años después, se mudó a Londres, el lugar de origen del baile de salón, para unirse a una firma de consultoría estratégica y conoció a Gary Crotaz, un nuevo colega que también era bailarín. Formaron una sociedad, primero en la danza y luego en el matrimonio, y dedicaron sus horas libres a la escena del baile de salón en Londres.

Mildred y Gary establecieron prioridades claras. Su relación era primero, luego sus carreras y después la danza. Todo lo demás (vacaciones, ver televisión, dormir) era secundario. La pareja pasó muchas vacaciones y al menos un fin de semana al mes entrenando en Italia. Si las demandas profesionales se interponían, encontraban cómo ensayar. Cuando a Mildred le asignaron una consultoría en Abu Dabi, Gary peleó su propio proyecto ahí, y ensayaban a las cinco de la mañana, antes de que hiciera mucho calor. Aunque soportaron algunos sacrificios, los años de trabajo duro, viajes y dedicación valieron la pena. Representaron al Reino Unido en el séptimo Campeonato Europeo y en el Mundial y se colocaron entre las primeras ocho parejas del mundo. También empezaron una academia en Londres para entrenar a la siguiente generación de bailarines de élite.

Explorar otro lado de tus talentos puede traer claridad al resto de tu carrera. Puedes construir redes de contactos y adquirir habilidades o conocimientos que tal vez te lleven en una dirección diferente. El pensamiento estratégico que Mildred empleaba cada día como consultora era muy solicitado entre los bailarines en su red de contactos, así que decidió inspirarse y aprovechar los dos lados de su personalidad (el comercial y el artístico) para convertirse en agente. Además de escritores, ahora representa a bailarines campeones del mundo y guía a los coreógrafos, algunos de los cuales la conocen desde la época en que bailaba a nivel profesional y en competencias mundiales. No importa si sus clientes bailan con ella o no, siempre aprecian el hecho de que entiende de manera innata cómo se ven en su arte. Esto distingue a Mildred en su área y le da una ventaja competitiva.

5. El Emprendedor 110%

Una vez que abres las compuertas empresariales, es difícil cerrarlas. Si empiezas y diriges con éxito una compañía, te moviste al punto donde lanzar algo ya no es intimidante para ti. Al contrario, ves oportunidades en todas partes. También aceptas los hechos: las probabilidades están en contra. Tiendes más a fracasar que a tener éxito, así que necesitas diversificarte. Después de todo, trabajas de tiempo completo en un proyecto empresarial y pones una apuesta que determinará en gran medida tu riqueza futura. Al hacer inversiones Ángel o tomar roles de Asesor complementarios, puedes construir un portafolio diversificado de acciones en empresas fuera de tu propia *startup*. Esto te dará protección ante las pérdidas, mientras te abre nuevas puertas. Es decir, agregas tu 10 por ciento al 100 por ciento que pusiste en la iniciativa empresarial para convertirte en un Emprendedor 110%.

Diego Saez-Gil es un ejemplo perfecto. En 2011, fundó una agencia de viajes en línea llamada WeHostels que se especializa en *backpackers* (mochileros) y hostales. Dos años después, cuando fusionó la compañía con una agencia de viajes para estudiantes, se convirtió en cabeza de una división de la empresa combinada. Esto podría ser el fin de la historia. Pero no lo fue. Aunque se dio cuenta de que por primera vez tenía un salario fijo y una agenda razonable, también tenía una gran idea. ¿Qué tal si construía el primer equipaje inteligente del mundo? Sería una maleta conectada a internet que los viajeros podrían rastrear, abrir, cerrar y pesar, todo con su smartphone. Habló con un emprendedor que también era de Argentina, Tomi Pierucci, y con profunda experiencia en productos de China. A Tomi le encantó la idea y quiso que se hiciera realidad, por eso aceptó hacerse cargo. Esta vez, Diego fue un Emprendedor 10%, ayudó como Asesor a Tomi y a Bluesmart mientras seguía con su trabajo fijo.

Cuando la compañía buscó recaudar fondos en Indiegogo a finales de 2014, la maleta atrajo una entusiasta cobertura de los medios y generó mucha expectativa. Incluso *USA Today* la mencionó como: "La solución que incluye todas las soluciones de los viajeros." Al final de su campaña, Bluesmart había vendido más de 2 millones de dólares en 110 países. En ese momento era la decimoséptima campaña más exitosa en la historia de Indiegogo, posicionándose en el top con un 0.006 por ciento de todos los proyectos basados en recaudación de fondos. Después de una campaña tan asombrosa, el mundo le puso atención: Bluesmart ingresó en Y Combinator, la legendaria aceleradora que fondea compañías como Dropbox y Airbnb. También fue una de las primeras empresas seleccionadas por Amazon Launchpad, la cual permite a las *startups* prometedoras publicitar y vender sus productos a través de la plataforma de Amazon.

Cuando haces inversiones en tu 10% nunca sabes a dónde te llevarán. Gracias al asombroso debut de Bluesmart, Diego decidió volverse emprendedor al 100% otra vez, así que incrementó su participación en Bluesmart y se unió a la compañía de tiempo completo como CEO y cofundador. Desde ese momento, la compañía ha recaudado más de 10 millones de dólares en fondos. También es parte de mi 10%: soy Ángel y Asesor en Bluesmart, así como uno de sus primeros clientes satisfechos.

¿QUÉ ESPERAS?

Ya sea que estés bien establecido o empezando tu primer empleo, piensa cómo evolucionará tu carrera en las próximas décadas. En la actualidad es imposible saber cómo cambiará el mercado laboral (y tu rol dentro de él). Necesitas permanecer involucrado, buscar nuevas oportunidades y construir nuevas habilidades y relaciones. Es la manera más efectiva de asegurar que no terminarás persiguiendo el sueño de ayer. También representa un compromiso real para construir una carrera dinámica, resistente y gratificante.

Aun cuando mucha gente como tú está convirtiéndose en Emprendedor 10%, tal vez todavía te preguntas cómo adoptar la iniciativa empresarial, incluso de medio tiempo, porque nunca lo hiciste. Es como estar parado afuera de una fiesta, en el frío, preguntándote por qué no tienes invitación. En especial, esto sucede si, en primer lugar, nunca esperaste o quisiste convertirte en emprendedor. Tal vez jugaste con una mano de reglas establecidas que debieron darte prestigio, éxito y satisfacción. Invertiste incontables horas siguiendo el libro de jugadas sin darte cuenta de que el partido cambió o simplemente quieres más. Las carreras, al igual que nuestras vidas dibujan arcos, curvas, es decir, tienen altibajos. Habrá periodos donde bajes la cabeza y trabajes. En otros tendrás más espacio y tiempo para reflexionar, planear y descifrar tu siguiente movimiento. Tal vez un día mires a tu alrededor y te preguntes: "¿Es todo?" En ese momento te darás cuenta de que un trabajo, sin importar cuánto te guste, no puede darte todo lo que necesitas.

Sólo porque escogiste un camino en particular no seas complaciente. Si observas desde la banca verás personas talentosas que van en manada a las industrias donde pueden construir carreras que ofrecen niveles de flexibilidad sin precedentes respecto a roles, ubicación y estilo de vida. Si sólo te apegas al plan tradicional, renuncias a entrar en acción y participar en las ganancias. Al enfrentar esta disyuntiva te quedan dos opciones: continuar moviéndote hacia delante con el piloto automático o hacer tus propias reglas. En vez de dejar que tu carrera te pase a ti, es momento de agarrar el timón, apagar el control de crucero y avanzar a toda velocidad.

Entonces, ¿qué esperas? Si te descubres parado en una línea, deseando que alguien te lleve a la fiesta, te tengo buenas noticias. No hay razón para estar afuera, en el frío. No es demasiado tarde y puedes imprimir tu propio boleto. Seguro tienes algo que ofrecer, sean habilidades, tiempo, conocimientos, relaciones o experiencia, todos son invaluables para los proyectos empresariales y son tu moneda para pagar la entrada. También te permitirán orientar tu carrera de manera que ofrezca emociones y oportunidades mucho más grandes. La segunda parte te dará todo lo que necesitas para empezar.

SEGUNDA PARTE
"CONSTRUYE TU 10%"

CAPÍTULO 4
¿Qué tipo de Emprendedor 10% eres?

En 2014, la cervecería Monday Night de Atlanta vendió 2.5 millones de cervezas a cientos de miles de clientes. Es posible que la mayoría de esas personas sedientas no pensaran en darle gracias a Dios, de manera literal, por las cervezas artesanales que tenían en sus manos. Pero, se podría decir que hubo al menos un poco de intervención divina en el asunto. Los tres Fundadores se conocieron en los círculos de estudio bíblico de los viernes a las 6 a.m. Cuando decidieron reunirse de manera más informal los lunes en la noche, el cofundador Joel Iverson recordó que tenía un equipo para fermentar cerveza abandonado en el sótano y sugirió que hicieran un poco. Cuando sus sesiones cerveceras de los lunes en la noche comenzaron a atraer multitudes de cincuenta o más personas, Joel y sus socios trabajaron como cantineros y se preguntaron hacia dónde iban con todo esto.

A miles de kilómetros de ahí, los Fundadores de la Compañía Cervecera Oyster Bay dirigían el ajetreado piso de ventas de una agencia de autos de Long Island. Gabe Haim y Ryan Schlotter

75

compartían sus ideas de posibles negocios a explorar fuera de sus trabajos fijos. Una noche, decidieron comprar un equipo casero para preparar cerveza en Amazon. Su primer lote no salió tan mal, así que prepararon otro y otro. Conforme descubrieron los trucos de prepararla para sus familias y amigos, se dieron cuenta de que no había cervezas artesanales en ningún lugar cercano a su casa. También se preguntaban a dónde iban con todo esto.

Resulta que la industria cervecera es un ambiente propicio para un Emprendedor 10%. Una vez que compras un equipo casero no muy caro, puedes trabajar en tus propios horarios para aprender los secretos del negocio, investigar los mercados locales y contactar proveedores. La pequeña cantidad de dinero que se necesita para comenzar implica que hay pocas pérdidas potenciales más allá del tiempo y energía invertidos. Eso hace una gran diferencia para alguien como Joel Iverson de la cervecería Monday Night. Desarrolló comerciales para celebridades como Paula Abdul, incluso estuvo involucrado en la mercadotecnia de Ultimate grill, la parrilla eléctrica de Hulk Hogan (Estados Unidos te lo agradece, Joel), así que sabía cómo lanzar productos nuevos. ¿Por qué no poner sus habilidades a prueba en su propio beneficio?

Comenzar una cervecería en un sótano es una idea audaz, por eso Joel y sus socios pasaron dos años experimentando antes de decidir que ya era tiempo de responder a la pregunta persistente: ¿Hacia dónde va este negocio? Crearon un plan de tres años y reflexionaron con cuidado sobre su posición. Aunque dominaban la fabricación de lotes pequeños, no tenían experiencia en la administración de una cervecería comercial. Además, no alcanzarían sus metas de crecimiento sin invertir más en términos de tiempo y dinero. Con sus retos claros, se pusieron a trabajar.

Primero, forjaron relaciones con cualquiera que les pudiera ayudar a tener éxito, desde cerveceros hasta distribuidores. Luego, reunieron un poco de capital y lanzaron sus primeras cervezas subcontratando la producción de un tercero. La demanda creció muy rápido así que reunieron más capital para construir su propia fábrica de cerveza. Al paso del tiempo, dos de los socios, incluido Joel, se dedicaron a ella de tiempo completo y reclutaron un maestro cervecero de primer nivel. Su plan funcionó: a los tres años de entrar al mercado, la cervecería Monday Night generaba millones en ingresos y empleaba a más de sesenta personas.

Para Gabe y Ryan, la Compañía Cervecera Oyster Bay sigue siendo una inversión de 10%. Les gustan sus trabajos fijos y aprecian la recompensa financiera que genera trabajar en una agencia de autos exitosa. Para concentrarse en su trabajo y al mismo tiempo construir su imperio cervecero, contrataron a un equipo que maneja las operaciones cotidianas de Oyster Bay. También pusieron sudor e ingenio para desarrollar su negocio con mínima inversión de dinero. Gabe y Ryan pasaron su tiempo libre renovando un restaurante mexicano quebrado para convertirlo en un pequeño centro comercial donde pondrían su primera cervecería artesanal. Desarrollaron una marca fuerte y muchos seguidores fervientes en la costa norte de Long Island gracias a una combinación poderosa de marketing en las redes sociales y socios estratégicos. Con el tiempo, su empuje y creatividad dieron frutos: las cervezas de la Compañía Cervecera Oyster Bay comenzaron a servirse en los estadios de los New York Islanders y de los New York Mets, dos de las franquicias más importantes de la Costa Este.

La iniciativa empresarial se trata de formular un plan y luego tomar decisiones (grandes y pequeñas) que te ayuden a alcanzar el siguiente nivel de tu plan. Conforme una idea crece y pasa de proyecto divertido complementario a un "¿y si…?" (posible negocio) te enfrentas a las mismas preguntas de los equipos de las cervecerías Monday Night y Oyster Bay: ¿A dónde vas con esto? ¿Qué necesitas para lograr tus metas? ¿Cuánto tiempo y dinero puedes invertir? Una vez que tengas respuestas claras y honestas a estas preguntas, estarás equipado para emprender el camino como un Emprendedor 10% y hacer un Plan 10%. Como verás en este capítulo, aunque no es posible predecir el futuro ni tener información completa puedes prevenirte para enfrentar cualquier bifurcación en el camino. Evalúa los recursos que tienes y luego formula un plan de acción.

TUS RECURSOS COMO EMPRENDEDOR 10%

Igual que cualquier emprendedor, tomarás decisiones respecto a tu 10% a partir de tus circunstancias. Harás rendir los recursos escasos, equilibrarás ventajas y desventajas y después ajustarás lo necesario. Primero, considera cuánto *tiempo* puedes dedicarle a tus iniciativas. Segundo, determina cuánto *capital financiero*, o dinero, puedes invertir. El objetivo es que apartes al menos 10% de tus recursos en estas dos áreas. Ten en cuenta que son metas y tu capacidad de inversión se desarrolla de modo natural con el tiempo. Tercero, considera cómo encaja tu *capital intelectual*, es decir, tu conocimiento previo y tus habilidades en el panorama general. Cuando se trata del capital intelectual, tu objetivo es combinar las cosas que haces bien con las que disfrutas. El capital intelectual es el ingrediente que administra de manera más productiva tus inversiones de tiempo y capital financiero. Al usar tu conocimiento y criterio tomarás decisiones inteligentes y bien informadas que, a su vez, incrementarán la probabilidad de alcanzar resultados exitosos.

Aunque cada recurso es independiente, cuando los reúnes, puedes considerarlos un portafolio. Cada componente es dinámico, por eso tu portafolio cambiará con el paso del tiempo, dependiendo de cada etapa de tu vida, de tus recursos financieros y de tu nivel de experiencia. Como sucede con cualquier portafolio de inversión, harás apuestas calculadas para crecer el valor de cada activo individual y al mismo tiempo maximizar su valor combinado. Conforme se expanda, ampliarás tu rango de opciones y disfrutarás mayor flexibilidad en la forma en que despliegas tus activos, tanto en grupo como por separado. Si inviertes de manera sabia, el rendimiento de esas inversiones se combinará para producir mucho más que la suma de sus partes.

Los recursos del Emprendedor 10%

| TIEMPO | CAPITAL FINANCIERO | CAPITAL INTELECTUAL |

Nadie tiene tiempo ilimitado, dinero inagotable ni puede ser experto en un rango infinito de actividades. Pero lo que te falte en un área, a menudo puede compensarse en otra. Si piensas en tus recursos como un portafolio, puedes equilibrar las áreas en las que tengas carencias (quizá en capital) con otras en las que seas más fuerte o tengas mayor abundancia (como tiempo y conocimiento). Cuando los fundadores de la Compañía Cervecera Oyster Bay decidieron mantener sus trabajos fijos y financiar el crecimiento de la compañía, las implicaciones de esta decisión estaban claras: necesitaban invertir su tiempo y su capital financiero de la forma más eficiente posible. Aunque era más fácil y rápido pagar un contratista que remodelara el espacio de la cervecería artesanal, también habría sido mucho más caro. Reflexionaron y decidieron hacer el trabajo de carpintería en su tiempo libre. Así, contribuyeron con tiempo en lugar de capital financiero.

Puede que en este momento te preguntes qué hacer si no puedes invertir dinero. ¿Se puede compensar al contribuir con tiempo y capital intelectual? Es una buena pregunta que muchos se hacen. Siempre ten en mente que invertir no sólo se refiere al efectivo. Las *startups* necesitan dinero pero también la asistencia de personas como tú que ofrecen una gran variedad de habilidades y servicios. Así que, incluso si no tienes capital financiero, invierte capital de esfuerzo usando tu tiempo e intelecto como moneda.

Dependiendo de tus habilidades puedes encontrar muchas oportunidades para invertir capital de esfuerzo. Hay muchos servicios que los negocios jóvenes considerarán contribuciones en especie en lugar de valores. Las empresas también buscan apoyo continuo como asesoría legal, orientación financiera, experiencia de mercadotecnia o contactos y lo retribuyen con acciones. Conforme crecen, necesitan ayuda de personas que provengan de muchos campos. Aunque ninguna de estas contribuciones se hacen en dinero, a menudo son tan valiosos como el efectivo.

Este enfoque no sólo es para las personas que no pueden invertir dinero. Quizá tengas mucho capital para invertir en nuevos negocios, pero eso no quiere decir que siempre quieras ser Ángel. Si disfrutas trabajar con negocios incipientes, eso no te hace inmune al riesgo. Quizá el perfil de riesgo de una compañía es demasiado grande o su etapa de desarrollo es muy prematura para sentirte confiado de entregar un cheque. Ya sea que tengas dinero para invertir o no, convertirte en Asesor (más que en Ángel) te permite tomar asiento en la mesa sin poner dinero en riesgo. Incluso si decides invertir como Ángel al mismo tiempo, de todos modos considera tomar una posición de Asesor para aumentar tus ventajas en una inversión en particular. Con esto, harás valer más tu dinero.

¿CÓMO CORRESPONDEN LOS RECURSOS A LOS CINCO TIPOS DE EMPRENDEDORES 10%?

Quizá en este momento te concentres en las áreas donde tienes carencias de recursos. Tal vez sientes que estás demasiado ocupado o no tienes capital financiero para invertir. No dejes que eso te desanime. Pasarás los siguientes capítulos pensando con cuidado en tus recursos y aprendiendo cómo sacarle partido a cada uno de tus activos. También crearás estrategias realistas personalizadas para tus circunstancias particulares. Pero antes de que te sumerjas en los detalles, vale la pena pensar sobre la manera en que tus recursos moldean tus opciones en un sentido más general. Como verás, cada tipo específico de Emprendedor 10% aprovecha una combinación particular de tiempo, capital financiero y capital intelectual:

SI QUIERES SER ÁNGEL...

Si el tiempo es lo que te preocupa, conviértete en Ángel. Es un tipo de compromiso muy flexible que funciona bien si estás muy ocupado o tienes un horario impredecible. Los emprendedores buscan "dinero inteligente," es decir, inversionistas que los asesoren además de aportar dinero, pero el nivel real de participación lo determinas tú. Según tus intereses en un proyecto específico, promueve relaciones con la compañía, la administración o los otros inversionistas. Al hacerlo, aprenderás más y forjarás relaciones más profundas que te beneficiarán en el futuro. Tal vez generes una oportunidad para adoptar un papel más formal e incrementar tus ventajas convirtiéndote en Asesor. Pero todo lo que hagas después de enviar tu cheque es opcional: si no tienes mucho tiempo para involucrarte, no es necesario que lo hagas.

Si quieres ser Ángel pero no estás muy seguro de por dónde empezar, no te preocupes, complementa tu capital intelectual con el de otros. Como verás más adelante, no importa si estás en Miami, Bucarest o Beijing, de todas formas puedes encontrar otras personas que quieran invertir y trabajar contigo. Unirte a un grupo de inversionistas Ángeles te proveerá los recursos y relaciones que necesitarás para encontrar e invertir en proyectos nuevos. También te dará acceso a una comunidad de personas con mentalidades similares que te explicarán las reglas del juego. De acuerdo con la Angel Capital Association, hay más de 300 grupos sólo en Estados Unidos.[22] También hay otros similares en Europa, Asia y Latinoamérica. Por lo general, puedes encontrar Ángeles en casi cualquier lugar donde haya emprendedores. De hecho, entre más te alejes de los lugares donde operan las empresas de capital de riesgo, más importantes se volverán tu capital y tu experiencia.

SI QUIERES SER ASESOR...

Si tienes más tiempo y capital intelectual que dinero, considera ser Asesor. Como invertirás capital intelectual en vez de financiero, dedica una cantidad específica de tiempo (acordado con las demás partes) a trabajar con las compañías. Esto será retribuido con acciones. En términos prácticos, la inversión de tiempo que se espera puede variar mucho. Algunas compañías buscan consejería estable, digamos una hora o dos al mes. Te llamarán o se reunirán contigo para preguntarte cosas estratégicas, que les des contactos o compartas ideas. Es el acuerdo que tengo con Bunny Inc. Me comprometo a un mínimo de dos horas al mes con el CEO y el vicepresidente de finanzas y juntos determinamos cómo ayudarle a la compañía el resto del mes. No consume mucho más tiempo que eso, pero termino cada una de esas conversaciones con una lista de pendientes y nos mantenemos en contacto por correo electrónico hasta la siguiente reunión. Gracias a que esta inversión de tiempo es muy manejable, es común que Asesores experimentados como Beth Ferreira trabajen con muchas compañías al mismo tiempo y así acumulan un portafolio de acciones.

Muchos Asesores primero se involucran con compañías que están en la fase de su desarrollo. Al ayudar en los primeros días dan credibilidad y apoyo, así, cuando la compañía recauda fondos muestra al mundo que tiene gente seria en sus filas. En ese caso, considera pedir el derecho a invertir cuando la compañía recaude fondos. De esa manera, actuar como Asesor es un trampolín para convertirte en Ángel. Involucrándote así estarás bien posicionado para saber si la compañía se encamina al éxito y generarás rendimientos adicionales basándote en todo lo aprendido.

SI QUIERES SER FUNDADOR...

Como Fundador debes poner todos tus recursos en juego. Si vas a iniciar una compañía, dedica tiempo a investigar el mercado, construir relaciones clave, desarrollar el producto y lanzar tu negocio. Todas estas tareas sacarán provecho del capital intelectual que adquiriste a lo largo de tu vida. Aunque muchas de las herramientas básicas de los negocios modernos son más o menos baratas, siempre habrá gastos continuos, en especial al comienzo. Así que quizá termines invirtiendo algo de capital financiero para cubrir gastos iniciales.

Como Fundador, quizá decidas operar tú solo en las primeras etapas. Este enfoque puede funcionar bien, en especial si los compromisos de tiempo son manejables y los requerimientos de capital pequeños. Pero en algún punto las demandas en tu horario y portafolio se incrementarán. Dependiendo del tipo de negocio de que se trate, tal vez necesites un prototipo, incrementar tu inventario, firmar un contrato de arrendamiento o contratar empleados. Entonces determinarás la mejor manera de organizar los recursos adicionales que requieras para ejecutar tu plan de negocios.

Cuando se enfrentó a las restricciones de recursos, Luke Holden reclutó a un socio que tenía el capital intelectual y el tiempo para adoptar el compromiso que implicaban las operaciones diarias del negocio. También recurrió a su padre, que invirtió con él para financiar los gastos iniciales de la tienda Luke's Lobster. En cambio, Hillyer Jennings recaudó un poco de capital de los inversionistas y sigue manejando Wrist Tunes él mismo con la ayuda de algunos hermanos. Complementó su capital intelectual subcontratando el diseño y la manufactura de sus socios en China.

SI QUIERES SER AFICIONADO O EMPRENDEDOR 110%

Como Aficionado o Emprendedor 110%, estructura tu participación como más te convenga. Puedes tomar el papel de Ángel, Asesor o Fundador o combinar diferentes roles conforme ajustes la inversión a tus recursos. Por ejemplo, Diego Saez-Gil es Asesor y Fundador en Bluesmart, mientras que Dan Gertsacov es Ángel y Asesor en su restaurante. Cada uno eligió una estrategia que refleja sus objetivos generales y sus recursos.

TRAZA LA RUTA HACIA LA INICIATIVA EMPRESARIAL: EL PLAN 10%

Hace un par de años, en medio del invierno, hice una excursión por Kirguistán y recorrimos a pie las montañas remotas de Tian Shan. Si caminas a grandes altitudes en invierno, debes hacerte a la idea que hará frío. Pero las temperaturas en la cordillera de Tian Shan se sienten como de otro mundo. Es el tipo de lugar donde la aplicación del clima en tu teléfono marca -5°C a la intemperie. Por eso, cuando pones un pie en la montaña, tu única opción es mantenerte en movimiento. Pones un pie delante del otro mientras te hundes en un campo de nieve inmaculada hasta llegar a la cumbre. Pronto descubres que a cada paso te calientas un poco. Conforme transcurre el tiempo, empiezas a entrar en calor, te quitas algunas capas de ropa y las metes a tu mochila. Cuando tu sangre fluye, la única manera de mantener el calor es seguir adelante. Si te detienes, el frío vuelve y te encuentra descubierto.

Después de un rato en la montaña dejas atrás varias crestas y todos los signos de civilización desaparecen. Te das cuenta de que dependes de tres elementos básicos para regresar sano y salvo. Primero: el plan. Tienes el equipo básico y trazaste una ruta que te lleva a la cima y de regreso antes de que el sol se ponga. Segundo: la voluntad. El equipo no te llevará arrastrando hasta la cumbre ni te guiará de regreso. Debes ver un propósito en la misión. Si no lo ves, el frío, la altitud y el largo camino harán que te cuestiones cómo se te ocurrió emprender esta locura. Tercero: las otras personas. Dependes de los que caminan contigo y confías en que están tan comprometidos como tú. Saber que todos recorren el mismo camino juntos evita que bajes el ritmo o caigas en la tentación de rendirte. También alimenta tu espíritu competitivo y te hace avanzar un poco más rápido aunque te mantienes con el grupo. Todos van hacia el mismo lugar y quieres tener a alguien a tu lado para compartir la experiencia cuando llegues a la cumbre.

Tu camino de Emprendedor 10% será muy semejante a escalar una montaña. Cuando pruebas algo nuevo y vas en una dirección desconocida, no sabes qué te encontrarás al emprender la marcha. No vas a enfrentarte a los elementos en sentido literal, pero sí saldrás de tu zona de comodidad. En ocasiones estarás en nuevos entornos que te harán sentir incómodo o inseguro. En estos momentos resulta esencial tener un plan de acción. Igual que un alpinista, batallarás contra el frío y el cansancio, inspeccionarás el paisaje y te apegarás a tu plan. Te servirá de brújula para señalar el camino hacia delante.

Claro, también puedes empezar sin prepararte mucho, dejar el mapa en casa, ponerte las botas y adentrarte en la jungla sin más. Así inician muchas personas, casi por accidente, tanteando el agua y tomando algunos riesgos. Pero es una estrategia que no recomiendo. Así no analizas de manera honesta tus recursos para ver qué tipo de inversiones son las mejores para ti, y te arriesgas a tomar decisiones con base en la inercia o el oportunismo. Pero lo más importante es que te perderás la oportunidad de trazar una ruta sostenible para ejecutarla. Conforme mejor sea tu plan, mayores probabilidades tendrás de hacer inversiones inteligentes y productivas. Si tienes éxito, accederás a más opciones al obtener ganancias de tus inversiones. Reinvirtiendo esas ganancias y haciendo crecer tus recursos, generarás un esfuerzo autosostenible.

Tu Plan 10% servirá como guía para todos tus esfuerzos y se basa en otros dos activos importantes (además de tus recursos). Primero, seguirás un *proceso de inversión* bien definido que te ayudará a concentrarte y tomar decisiones de manera rigurosa. Seguir un procedimiento estandarizado te permite desplegar tus recursos de forma sabia y aprender a mejorar conforme avanzas. Segundo, movilizarás tu *red de contactos* para hacer que todo funcione. Apoyarte en los recursos combinados de toda la gente talentosa que conoces, maximizará el impacto de los recursos que comprometas.

El Plan 10%

RECURSOS	PROCESO DE INVERSIÓN	RED DE CONTACTOS
Optimiza tiempo, capital financiero y capital intelectual	Encuentra, analiza y comprométete con los proyectos	Forma un equipo

Si la idea de armar un Plan 10% te parece desalentadora, considera lo siguiente: ya tienes la ventaja inicial de haber analizado la forma en que tiempo, capital financiero y capital intelectual le darán forma a tu plan. A lo largo del resto del libro, verás con más detalle cada uno de estos recursos, planearás tu proceso de inversión y comenzarás a movilizar a tu red de contactos. Te llevaré de la mano a través del proceso de armar tu Plan 10% y te ayudaré a resolver las siguientes preguntas:

- ¿Cuánto tiempo y capital financiero puedes invertir en tu 10%? *¿Cómo sacarás lo mejor de tu tiempo y dinero?*
- ¿Cómo encontrar las oportunidades que se ajustan a lo que haces bien con tu capital intelectual? ¿Cómo te apoyarás en tu capital intelectual para *sacar partido a tus fortalezas?*
- ¿Cómo conseguir oportunidades relevantes para luego tomar decisiones de inversión bien informadas? ¿Cómo aplicarás tu proceso de inversión para encontrar, analizar y comprometerte en los proyectos?

- ¿Cómo movilizar tu red de contactos para que cada aspecto de tu 10% sea más exitoso? ¿Cómo *aprovecharás tu red para formar tu propio equipo?*

Tu Plan 10% será un documento vivo al que recurrirás de modo regular. Conforme avances en cada etapa de planeación, toma notas (ya sea de forma electrónica o en un cuaderno), te servirán como una guía continua, como brújula y mapa mientras trazas una ruta productiva. No te preocupes si las circunstancias cambian: tu Plan 10% está hecho para funcionar a largo plazo y es adaptable. Si obtienes un pago extra, te cambias de ciudad, desarrollas intereses nuevos o ganas mayor flexibilidad en tus horarios, regresa a tu plan para ajustarlo de acuerdo con lo que suceda.

CAPÍTULO 5
Maximiza tu tiempo y dinero

Cuando te conviertes en un Emprendedor 10%, nunca sabes bien a dónde te llevará cada oportunidad. Me gusta pensar que cada proyecto es como si plantara una semilla. Algunas no germinan, otras viven y prosperan. Y otras más llegan a producir nuevas semillas, que cuando el viento las esparce, echan raíces en los lugares más inesperados. Al paso del tiempo serás capaz de perseguir esas semillas, formando parte de un negocio tras otro con socios que cada vez conoces mejor y en quienes confías por haber compartido proyectos previos. También explorarás nuevas facetas de ti mismo, al tiempo que construyes tu autonomía financiera y profesional. Incluso algún día te levantarás para descubrir que eres una persona diferente como resultado de todas estas aventuras.

Gracias a su 10%, el doctor Patrick Linnenbank ahora se parece mucho a James Bond.

Aunque Patrick es un poco más interesante: es holandés, vive en Países Bajos, administra su propia firma de inteligencia e investigaciones y es miembro del consejo de algunas organizaciones de derechos humanos. También tiene certificados de todo tipo de disciplinas secretas, desde hackeo ético hasta Krav Haganah, manejo evasivo, ofensivo y táctico y elaboración de perfiles criminales. Su currículum hace que parezca un agente secreto pero si no eres un delincuente, te toparás con un tipo sencillo y bien parecido, como atestiguan sus dos hijos.

Después de terminar sus estudios de medicina, Patrick se dio cuenta de que la vida de un cirujano tenía un gran inconveniente: debes quedarte en un solo sitio. Así que empacó sus cosas y se fue a Francia a estudiar una MBA (Maestría en administración de empresas). Pero como "se volvía loco" con un sólo empleo, después de un año sepultado entre presentaciones de Power Point y trabajando como consultor de dirección en Bain & Company, decidió tomar otro empleo como médico de emergencias en turnos de 24 horas. Patrick pasó los siguientes diez años ascendiendo hasta convertirse en socio (mientras salvaba vidas). Esto hubiera bastado para cualquiera, pero Patrick también desarrolló interés por la medicina forense. Aprovechó su formación para contribuir de modo tangible en el ámbito de los derechos humanos (otra de sus pasiones). Mientras investigaba fosas comunes en África su vida estuvo en riesgo muchas veces, así que decidió adquirir conocimientos en temas de seguridad. Aprendió a desarrollar su puntería, a escapar en caso de caer cautivo y todas esas cosas que necesitas saber para mantenerte a salvo en uno de los lugares más peligrosos del mundo.

Gracias a las destrezas que desarrolló en su trabajo fijo y en sus actividades extracurriculares, hoy Patrick es el Fundador de Seraph Protection Group, firma especializada en seguridad de alto riesgo, consultoría en contraterrorismo e investigaciones forenses. La firma provee sus servicios a corporaciones de transporte, ONGs y personas de alto perfil financiero desde sus oficinas en Europa, Asia, Latinoamérica y China. Y no conforme con este trabajo, además toma casos de consultoría.

La historia de Patrick me pareció increíble. No era James Bond nada más, también era Jack Bauer, mezclado con un poco de ER y CSI. Cuando ves su perfil de LinkedIn, es natural sentirte intimidado. Es el tipo de persona que hace que casi cualquiera (incluyéndome) parezca un perezoso. Pero, aunque está claro que es inteligente y tiene una gran motivación, su éxito se debe a algo simple: es un maestro en aprovechar el tiempo y el dinero, trabaja duro para invertir sus recursos de manera sabia.

Patrick combinó en un solo portafolio integral tres carreras que parecen muy dispares: medicina, análisis forenses y seguridad. Si, al igual que yo, te preguntas cómo lo hizo, la respuesta es simple. Igual que todos los que conocerás en este libro, se sentó a analizar en papel cuánto tiempo y capital financiero podía liberar para invertirlo en actividades empresariales. Cuando vio con qué podía trabajar, implementó dos estrategias clave. Primero, se concentró en las áreas relacionadas directamente con ámbitos en los que ya tenía cierto capital intelectual. Pasar de cirujano a médico forense fue una transición muy natural y le resultó mucho más productiva que convertirse en clavadista o concertista de piano. Luego, se dedicó con método a estudiar los ámbitos en los que no tenía conocimientos previos para adquirir destrezas específicas (que le permitieran alcanzar sus metas generales). Patrick se dio cuenta de que necesitaría el entrenamiento adecuado para progresar en el mundo de los análisis forenses de fosas comunes, así que invirtió tiempo y dinero de manera estratégica para obtener la mejor instrucción. En su caso, fue estudiar con expertos antiterrorismo en Estados Unidos, Israel y África.

En este capítulo evaluarás cómo gastas tiempo y dinero. Intentarás dejar disponible al menos un 10% de ambos para la parte de tu carrera fuera de tu trabajo fijo. Aunque esto suena a un gran compromiso si comienzas desde cero, te sorprenderá que (con un poco de planeación y priorización) sacarás mayor provecho de cada uno de esos recursos. Recuerda que trabajarás en proyectos que disfrutas y traerán beneficios reales a tu vida y tu carrera. Por eso, aunque harás algunos sacrificios, a cambio obtendrás mucho más de lo que inviertas.

TIEMPO

Todos los Emprendedores 10%, tienen una estrategia para el tiempo y desearían tener más tiempo. Solteros o casados, padres de familia que trabajan fuera o permanecen en casa, todos se concentran en balancear sus obligaciones personales y profesionales. La buena y a la vez mala noticia es que veinticuatro horas por día es un estándar mundial y no hay nada que hacer al respecto. Todos tienen la misma cantidad de horas para repartir entre sus prioridades sin importar si son Juan Pérez o Juan Perezoso.

Ten en cuenta que 10% es una meta, pero sobre todo una mentalidad. Aunque no te pido que apartes una décima parte de cada día laboral para tus proyectos alternos, sí deberás hacer ajustes para tener tiempo disponible. Lo harás de diferentes maneras. Primero, buscarás varios objetivos durante un periodo fijo de tiempo. Segundo, eliminarás actividades que no entren en tus prioridades. Tercero, como hizo Patrick Linnenbank, buscarás las que desarrollen habilidades que ya tienes y avanzarás en tus objetivos generales.

1. Sácale más jugo a tu tiempo

Entre más aproveches el tiempo, mejor. Pensar en sacarle más jugo al tiempo es clave para un Emprendedor 10%. Puedes estar tentado a *multitaskear*, abarrotando de cosas tu día o dejando otras inconclusas por empezar nuevas. ¡No mandes mensajes mientras conduces! No soy un fanático del *multitask*. Necesito concentrarme para hacer las cosas bien y disfrutar mi trabajo. Pero, sí creo que puedes usar un periodo específico de tiempo para alcanzar varios objetivos.

El secreto está en combinar actividades pasivas (como doblar la ropa o subirse a la caminadora) con las que requieren concentración. Si tienes trabajo pendiente, llama por teléfono cuando vas en el transporte al trabajo, durante tu hora de comer o tu descanso para el almuerzo. ¿Para qué perder tiempo valioso oyendo el radio, jugando en tu celular o hablando de los mismos problemas de la oficina cuando puedes usarlo para hacer algo para ti? También organiza tus ideas mientras sales a correr en la mañana o te bañas. Busca contactos para nuevas oportunidades al platicar con otros padres en el festival de la escuela de tu hijo. Todas esas actividades le suman a tu 10% y es fácil incorporarlas al resto de tu vida. Conozco un tipo que escucha podcasts sobre petróleo y gas cuando pasea a su perro. Logra mantenerse al día con las tendencias en la industria energética mientras lleva a Fido a dar la vuelta.

Vale la pena recordar que muchos pasamos varias horas de trabajo esperando a que sucedan cosas o sentados en reuniones interminables. Aunque hubo un aumento notable en la eficiencia laboral en los últimos veinte años, la mayoría pasa cuarenta horas a la semana en su trabajo (mínimo). Eso quiere decir que debes sacarle más partido a tus horas de oficina. Durante mi primer año en Wall Street, me familiaricé de manera íntima con el *face time*. Este término hace referencia a la expectativa no dicha de que un empleado esté en su escritorio hasta que su jefe se vaya, sin importar si hay trabajo o no. Es una práctica muy desafortunada que se ha elevado a la categoría de arte en muchas corporaciones. Una vez, tuve un colega que siempre se quedaba hasta tarde y a menudo seguía mandando correos hasta la media noche. Nuestros jefes siempre se impresionaban de su esfuerzo y disposición a cualquier hora del día mientras el resto de nosotros, holgazanes, dormíamos temprano. Yo me quedé impresionado cuando supe que tenía el hábito de programar el envío de correos a diferentes horas de la noche. Resultó que era un maestro del *face time* "virtual".

Puedes apostar que Patrick Linnenbank no hace eso. Cuando trabajó en consultoría, siempre entregaba más resultados de los esperados, de modo que sus colegas no cuestionaban su compromiso, pero tenía tantas cosas por hacer que no podía desperdiciar tiempo en aparentarse ocupado. Dependiendo de tu trabajo, tu jefe puede pagarte por resultados más que por tus horas de oficina. No te pagan horas extra por responder correos a altas horas de la noche o el fin de semana, entonces, ¿por qué no buscar maneras de apartar tiempo para tu 10% durante tu trabajo? Así es como varias personas muy ocupadas que hemos presentado en este libro hacen que su 10% funcione incluso si tienen carreras muy demandantes. Gracias a que tu verdadera oficina la llevas en el smartphone, encuentra unos minutos para mandar un mail, hacer llamadas y ocuparte de las actividades cotidianas durante tu horario laboral.

Es importante enfatizar que aunque le dediques tiempo a tu 10%, hay una línea que nunca debes cruzar: siempre dale prioridad a tu trabajo fijo, en especial durante las horas de oficina. Después de todo, es la parte de tu vida que te permite tener otros negocios. Te da la estabilidad y flujo de ingresos que necesitas para invertir en ti mismo. Si no cumples con tus obligaciones, pones en riesgo tanto tu 10% como tu otro 90 por ciento. No vale la pena y no te conviene. Respeta a tu jefe y las herramientas que tu trabajo pone a tu disposición, incluyendo tu correo institucional. Que sean sacrosantos para ti y resiste la tentación de usarlos para tus propios fines. Sobre todo, no te involucres en ninguna actividad que viole las reglas impuestas por tu empleador y nunca infrinjas las condiciones de tu contrato laboral.

2. *Bloquea el ruido y concéntrate*

Trata de recordar, si puedes, cuando no había Facebook, Twitter, YouTube, Netflix, blogs, comercio en línea, periódicos en internet, mensajes de texto, incluso email. El estadounidense promedio pasa unas 23 horas a la semana mandando correos, mensajes de texto y usando redes sociales u otras formas de comunicación en línea.[23] Los ciudadanos de Reino Unido, Indonesia, Filipinas, China, Brasil, Estados Unidos, Nigeria, Colombia, Tailandia, Arabia Saudita, Sudáfrica, República Checa y Rusia pasan al menos… ¡seis horas al día mirando algún tipo de pantalla! Ya sea televisión, computadora, teléfono o tableta.[24]

Reducir las distracciones y redirigir ese esfuerzo mental a tu 10% puede ser muy significativo. Si eres como yo, seguro sacrificas tu productividad desperdiciando minutos valiosos en revisar tu correo, navegar en internet y mandar mensajes. Eliminar ese ruido te ayudará a concentrarte, organizarte y encontrar tiempo para trabajar. No tienes que encerrarte en un cuarto aislado, pero sí dedicarle tiempo de calidad a tus proyectos. Esto significa reducir la televisión, apagar tu celular, desactivar las notificaciones en tu computadora y, si es posible, salir de la oficina a la hora de comer para ir a un sitio tranquilo a trabajar.

El Plan 10%: ejercicio 1
Administra el tiempo

Para entender mejor cómo hacerle espacio a tu 10%, lleva un registro de cómo gastas tu tiempo dentro y fuera de la oficina. Monitorea al menos una semana. La idea es identificar los periodos en tu agenda que puedes dedicar a tu 10% o usar para varias cosas a la vez. El tiempo con la familia, cuidar de otros o de ti mismo son responsabilidades no negociables, por eso ni las menciono aquí. Con base en esta lógica, revisa cuánto tiempo dedicas a cada una las siguientes actividades:

• Transporte
• Hablar por teléfono o mandar mensajes
• Responder correos personales
• Revisar las redes sociales, leer páginas de noticias o comprar en línea
• Ver televisión o películas
• Hacer ejercicio
• Socializar con amigos
• Salir a comer
• Otros

Cuando tengas los registros de cómo usas tu tiempo, busca re-
dirigirlo. ¿Cuánto tiempo libre o de esparcimiento estás dispuesto
a invertir? ¿Hay momentos en que desperdicias tiempo? ¿Tienes
espacio en tu día para dedicarle a tu 10% sin afectar tu rendimiento o causar tensiones con tu jefe?

Establecer prioridades también involucra tu salud. La gente
siempre te dice que no debes suponer como algo seguro tu buena salud, pero si no has tenido algo más que una gripa fuerte,
no imaginas cómo se siente cuando el cuerpo se pone en tu
contra. Cuando te enfermas (de verdad) entonces lo entiendes.
Hasta que no te recuperas es difícil concentrarte en cualquier
cosa, ya no digamos tu carrera. Necesitas mantenerte fuerte si
quieres tener salud física y mental para vencer los retos, emprender nuevos negocios y adoptar el cambio. Serás mucho más
productivo si te cuidas. Comer bien, dormir en horarios regulares
y darte tiempo para hacer ejercicio te ayudará a sentirte bien y
a pensar con más claridad. Si necesitas concentración también
considera la meditación. Unos cuantos minutos al día en paz
harán una diferencia notable en términos de agudeza mental.

3. Dedica tiempo a los proyectos que complementan el resto de tu vida

Ya sea que pases menos tiempo en internet, ante la TV o des
prioridad a tu 10% sobre tus pasatiempos u otras actividades,
en cualquier caso tendrás mayores probabilidades de trabajar
de manera eficiente y divertirte si eliges negocios que le saquen
partido a tus fortalezas e intereses. Patrick Linnenbank es un

gran ejemplo de cómo elegir las áreas en que conviene concentrarse. Aprovechó los campos donde tenía buen capital intelectual para explorar especialidades relacionadas que lo entusiasmaran y viceversa. Su formación de médico le permitió estudiar medicina forense. Su interés por los derechos humanos lo empujó a invertir en entrenamiento en seguridad. La intersección de esas áreas de conocimiento le dio la inspiración y el plan de negocios para su propia compañía. Se basó en sus fortalezas para acumular capital intelectual mientras perseguía una meta mayor.

Pensar en complementar también aplica a las personas que reclutes para trabajar contigo. Asociarte con quienes te caen bien y respetas hace que pases tiempo con las personas más importantes en tu vida. Si eliges proyectos que involucran a tu pareja o hijos, tu 10% te ayudará a maximizar el tiempo familiar. Lo mismo pasa con los amigos o los contactos profesionales. Los equipos de Bunny Inc., y de las cervecerías Monday Night y Oyster Bay empezaron sus empresas a partir de relaciones personales. Los Fundadores querían encontrar formas de colaborar, así que cuando se toparon con una idea que valía la pena, decidieron hacerlo como socios.

No importa que tan cuidadoso seas al planear, en algún punto comenzarás a sentirte muy ocupado. Recuerda, es tu 10%, diseñado por ti para ti. Puedes personalizarlo y ajustarlo a los límites de tu vida y siempre tener opciones. Todas las personas mencionadas en este libro lidiaron con ventajas y desventajas, conflictos y días horribles en que sentían ganas de renunciar a todo. Tienen vidas intensas, familiares, viajes, mascotas, pasatiempos y todas las demás cosas que hacen nuestra existencia interesante y ajetreada. Si sientes que la tuya se sale de control, no desesperes. Tienes el poder de cambiar las cosas.

CAPITAL FINANCIERO

A diferencia del tiempo, que a veces es difícil medir, el dinero es simple. Cuando me involucré por primera vez en una inversión de 10%, lo hice (en parte) porque ese nivel de compromiso me pareció manejable. Igual que con cualquier inversión de tiempo, me pareció que invertir un décimo de mi capital era significativo, pero prudente. Hasta después descubrí que mi intuición estaba sincronizada con el mercado. De acuerdo con la Fundación Kauffman, en promedio, los Ángeles asignan alrededor de 10% de su riqueza a nuevos negocios.[25]

A lo largo de este libro verás estudios de caso y estrategias útiles incluso si tienes poco o nada de dinero que apartar para tu 10%. Pero, sólo tendrás acceso a algunas oportunidades si pones dinero en la mesa. Como resultado, tu fin último es dedicar alguna parte de tus recursos financieros a tu trabajo (lo ideal es por lo menos 10%). Cuando lo hagas, considera este compromiso como un diezmo. Pero con él, los beneficiarios serán tu diversificación financiera en general y tu futuro. Recuerda que formulas un plan a largo plazo, así que prepárate para hacerlo más adelante aunque no inviertas el día de hoy.

Además de generar rendimientos financieros, invertir te diversifica. No sólo respecto a tu carrera sino también en relación con otros valores en tu portafolio. Para muchas personas, la inversión más significativa es su hogar. Un estudio reciente de la Universidad de Nueva York reveló que 1% de las personas más ricas tiene 9% de su riqueza invertida en sus casas. Pero, para la clase media más amplia, 63 por ciento de los valores del hogar están comprometidos en la vivienda. Como sabes, tener una inversión que acapare tu capital es riesgoso, en especial si consideras que la última crisis financiera afectó con más fuerza a los propietarios de viviendas. Antes de construir un nuevo cuarto en tu casa, considera cómo diversificar tus finanzas asignando ese dinero a tu 10%.[26]

Así que, ¿cómo apartar capital financiero en términos prácticos? En la vida diaria, administrar el dinero es muy parecido a administrar el tiempo. Todo es cuestión de elegir. Revisa la manera en que gastas tu dinero e inviertes tus ahorros para idear un plan y liberar capital financiero. De esta manera puedes invertir en proyectos alternativos, hoy o en el futuro.

La velocidad con que los gastos (incluso los pequeños) se acumulan es sorprendente. El estadounidense promedio gasta más de 1 000 dólares anuales en café. Más o menos 1 por ciento de sus ingresos los gasta en alcohol.[27] Y más de 5 por ciento de su salario en comer fuera de casa.[28] El costo de los paquetes de televisión ahora supera los 1 200 dólares anuales. Cuando me llegó un recibo mensual de cable por 200, gracias a que me aloqué con los canales Premium, que ni pude ver, decidí cancelar el servicio. Ahora le asigno ese ahorro a mi 10%. Me gusta mucho más acrecer mi 10% que pasar por docenas de canales en búsqueda de algún programa decente.

El Plan 10%: ejercicio 2
Administra tu capital financiero

Prepara un resumen de tus finanzas personales, de preferencia en una hoja de cálculo, y detalla tu capital financiero. Proyecta estos balances para un periodo de cinco años. Agrega cualquier cambio significativo, por ejemplo: un incremento de recursos gracias a un ascenso, un pago extra o la venta de un activo como casa o auto. Ajusta estas proyecciones con cualquier inversión, como la compra de una casa, pagar tu educación o la de otros y alguna compra importante. Con base en esta proyección a cinco años, calcula lo siguiente:

• ¿Cuánto capital puedes apartar para tu 10% en la actualidad?
• ¿Cuánto capital tendrás en tu 10% en cinco años?

Ahora prepara un presupuesto personal. Después de pagar los gastos, ¿cuánto te sobra para aumentar tus ahorros? ¿Qué cambios puedes hacer para liberar dinero y sumarlo a tu 10%?

Por favor, revisa los ejemplos de tablas del apéndice que te guiarán cuando calcules la base de tu capital financiero y prepares un presupuesto personal.

Ahorrar no significa cambiar tus rutinas diarias de modo radical y quitarle toda diversión a la vida cotidiana. Significa apartar efectivo (ya sea de ahorros, inversiones actuales o reduciendo costos) y ahorrar más.[29] Con el tiempo, pondrás a trabajar tu capital financiero para crear un portafolio de inversiones y muchas veces reinvertirás las ganancias. Para comenzar ese proceso, comprende tu panorama financiero actual así como tu capacidad de ahorro.

TIENES DINERO PARA INVERTIR.
¿AHORA QUÉ?

No importa si estás poniendo 1 o 100% de tu capital financiero en una oportunidad particular, no cualquier inversión ofrece el mismo nivel de riesgo y de rendimientos. Invertir tu dinero en bienes raíces es muy diferente a financiar un emprendedor que planea vender Tinder para perros. Una de esas acciones es más o menos segura, muy predecible y bastante fácil de evaluar. La otra es… Tinder para perros. Puede que nunca vuelvas a dormir tranquilo, según tu nivel de tolerancia al riesgo, si comprometes tu dinero en inversiones especulativas. Debes sentirte cómodo con los peligros en cada operación.

Uno de los objetivos principales para tu 10% es crear un beneficio. Si inviertes capital financiero como Ángel, lo haces de efectivo en negocios promisorios con la expectativa de generar ganancias futuras. Entonces, ¿qué esperar en términos de rendimientos en una inversión? La Fundación Kauffman realizó un estudio extenso a lo largo de quince años sobre rendimientos de inversionistas Ángeles. A partir de una base de datos de 1 200 inversiones, la fundación encontró que, tomando el portafolio en conjunto, los Ángeles ganaron 2.5 veces su dinero en un periodo de 3.5 años. Esto representa rendimientos aproximados de 30 por ciento anual. Entretanto, una encuesta de doce estudios compilado por el inversionista de capital de riesgo David Teten muestra que los Ángeles pueden esperar rendimientos de entre 18 y hasta 54 por ciento en términos anuales.[30]

Estos resultados son irresistibles, en especial si consideras que las acciones generan rendimientos esperados a largo plazo de alrededor de 10% al año, mientras las inversiones en efectivo producen un rendimiento anual de 3.5 por ciento.[31] Incluso si le reduces una buena cantidad a estos estudios, el argumento es el mismo. Al paso de un periodo de diez años, salen las cuentas: un portafolio diversificado de inversiones Ángel puede generar más de diez veces lo que obtendrías de inversiones en efectivo y más de cinco veces de acciones. Dicho esto, todos los estudios mencionados registran los rendimientos en términos de portafolio. Eso quiere decir que algunas inversiones tendrán mucho mejores resultados que el promedio mientras otras serán un completo fracaso. Por eso los inversionistas prudentes buscan crear portafolios a lo largo de sus carreras en vez de invertir en una o dos compañías.

Ya sea que tengas 5 000 o 1 000 al año para invertir, construye tu portafolio con varios principios rectores en mente. Primero, aunque con tu 10% generarás un beneficio, no lo hagas a expensas de tu salud financiera. Nunca inviertas dinero que no puedas comprometer en negocios a largo plazo e involucren algo de riesgo. Es la ventaja de apegarte al 10%, no pones todos los huevos en una canasta. Segundo, esfuérzate por diversificar a largo plazo. Busca agregar activos y proyectos de diferentes tipos a tu 10% para crear un portafolio de inversiones. Por ejemplo, si eres Ángel, varía el tipo de inversiones en términos de industrias o nivel de experiencia de los negocios. Además, al aumentar la cantidad de inversiones en tu portafolio, incrementas la diversificación, reduces el riesgo y mejoras tus posibilidades de elegir a los ganadores.

También complementa tu capital con posiciones de Asesor. Ya sea que inviertas capital financiero o intelectual, de todos modos haces una inversión. La diferencia es, por supuesto, que al invertir capital intelectual, los riesgos se limitan al tiempo y no afectan tu cartera. Si inviertes dinero además de tiempo, verás que comenzar como Ángel y Asesor en la misma compañía tiene beneficios claros. Como Asesor trabajarás hombro a hombro con la administración para hacer más exitosa a su compañía. Eso beneficia a todas tus participaciones, sean de Ángel o de Asesor, pues maximizarás tu rendimiento combinado.

Tu 10% es una herramienta para diversificar, pero también para hablar del riesgo que conllevan las demás personas que tienen acciones en tu vida. Debes ser autónomo, pero no a expensas de tus demás relaciones. Por eso es importante discutir tu estrategia de inversión con alguien, como tu pareja, que comparte su destino financiero contigo. Juntos pueden alcanzar un acuerdo sobre cuánto riesgo asumir. Con base en ese acuerdo, puedes variar el tipo de inversiones para balancear el riesgo de tu portafolio.

Ahora que hiciste el inventario de tiempo y capital financiero para invertir en tu 10%, es el momento de concentrarnos en el capital intelectual. Aunque medir tus habilidades y experiencia en cierto campo parece algo mucho más nebuloso que contar horas o dinero, el capital intelectual es un recurso igual de importante. Como verás en el siguiente capítulo, si lo inviertes de modo inteligente, obtendrás más de tu tiempo y capital financiero. También generarás rendimientos crecientes en tus inversiones, que no se miden en términos monetarios sino de experiencias y de la emoción por hacer algo que disfrutas. La clave para crear provisiones constantes de rendimientos financieros y no financieros es elegir proyectos que saquen partido a tus fortalezas y a lo que te apasiona.

CAPÍTULO 6
Saca partido a tus fortalezas

El poema "Un día de verano" de Mary Oliver concluye:[32]

Dime, ¿qué planeas hacer
con tu preciosa, salvaje y única vida?

Si respondieras esta pregunta cada fin de año, las respuestas durante décadas contarían la historia de tu vida. La euforia juvenil daría paso a consideraciones prácticas. A lo largo del camino, tus prioridades cambian, producto de la sabiduría y de las lecciones que da la vida, quieras o no aprenderlas. Es natural y casi inevitable. Al mismo tiempo, sin darte cuenta perderás contacto con algunas cosas que en algún momento fueron importantes para ti. Cedes terreno poco a poco, de manera casi imperceptible. La mayoría de nosotros no nos tomamos el tiempo de reflexionar como deberíamos, y cuando vemos atrás, observamos que dejamos de lado ideas o metas importantes como resultado de las circunstancias y no de las decisiones.

Tu 10% no se trata de comer brócoli. No es sobre lo que *deberías* hacer, sino sobre lo que *quieres* hacer. Integrar una iniciativa empresarial en tu vida mientras mantienes tu trabajo fijo significa asumir riesgos y pensar en una vida tan salvaje y preciosa como la quieras. Busca algo que te encante, intenta algo que siempre hayas soñado o explora algo nuevo. Incluso si las cosas no funcionan, tienes un buen plan de respaldo, tu trabajo fijo. Sin importar qué pase, aprenderás, desarrollarás habilidades, conocerás gente nueva y responderás esa inquietante pregunta: ¿Qué pasaría si...? Seguirás teniendo un techo sobre tu cabeza y todo lo que valoras ahí. Mientras sigues tus pasiones sacarás lo más que puedas del recurso más importante: el capital intelectual. Es el factor que más afecta tu respuesta a la pregunta de Mary Oliver.

En este capítulo te concentrarás en generar dos grupos de ideas. Primero, explorarás tus intereses para desarrollar un sentido claro de dónde quieres concentrar tus esfuerzos y construir tu 10%. Aun si sospechas que ya sabes la respuesta, date la oportunidad de ampliar tu red. Oportunidades o ideas que alguna vez parecieron imprácticas ahora tendrán más sentido, así que es el momento de abrir la mente y explorar las oportunidades. Tendrás mucho tiempo para reducir las opciones después.

Cuando generes una lista de áreas a explorar, regresa al capital intelectual. Tus habilidades y experiencias te permitirán tomar decisiones inteligentes, ir de fortaleza en fortaleza, involucrarte de manera significativa y contribuir al éxito de cada una de tus empresas. Ya sea que saques provecho de tu trabajo fijo o de tus pasatiempos, todo lo aprendido hasta ahora es parte de tu capital intelectual.

Vamos a empezar retrocediendo un poco y borrando el pizarrón. Quizá tienes algunas ideas para tu 10%, o tal vez no, pero no hay necesidad de establecer una prioridad en este momento. Así como lo lees: no tienes límites, ni nada que perder. El único recurso que empleas es tiempo e intelecto, por eso piensa con libertad sobre lo que en realidad quieres hacer.

Los economistas hablan en términos de "costo de oportunidad" para medir a lo que renuncias al escoger una opción sobre otra. Se calcula sumando el valor de las ganancias que no percibes como resultado de una decisión. Por ejemplo, si renuncias a tu empleo para iniciar una compañía, tu costo de oportunidad será el salario que dejas. Esta estrategia te permite cuantificar el impacto de tus decisiones, al menos en términos de tus finanzas. También ayuda a explicar por qué a tanta gente se le dificulta hacer cambios en su carrera. Cuando el costo de oportunidad es alto, puedes despertar un día con las manos atadas con esposas de oro.

El costo de oportunidad es como la gravedad. Mantiene tu cabeza lejos de las nubes y tus pies en la tierra. Pero ya que el propósito de este ejercicio es hacer lo contrario, vamos a suspender la realidad un rato. ¿Qué pasa si volteas la noción del costo de oportunidad? Imagina que te presentas a trabajar mañana y encuentras un candado en la puerta principal del edificio. Como el costo de oportunidad (el de renunciar a tu empleo) es cero, traza una ruta hacia delante sin nada de tu antiguo empleo que te detenga. Si oprimieras el botón de reinicio, ¿qué te gustaría hacer?

El primer paso es enlistar las oportunidades profesionales que te gustaría tener a continuación. Conforme generes ideas que te interesen y emocionen, siéntete libre de soñar, de pensar fuera de tu trabajo fijo, y explora todas esas ideas guardadas para un día lluvioso. Voy a dar sólo una regla básica para cuando trabajes el ejercicio de Costo de oportunidad cero que encontrarás más adelante. Conecta tu pensamiento con tu capital intelectual o con el que podrías obtener en un futuro predecible. Es genial sentir que tus pies se elevan del piso, pero no quieres subir a la estratosfera sin tanque de oxígeno. Así que a menos que tengas la velocidad de un gato o llores si te lo piden, tacha de tu lista las opciones de velocista olímpico y actor. Fuera de eso, no te preocupes por otros factores, sean trabas financieras o logísticas. Hay suficiente tiempo para preocuparse por las limitaciones, así que ignóralas por el momento. No puedes dibujar fronteras en un mapa si no lo trazas primero. Así que permítete pensar en términos de potencial en vez de practicidad. Siempre y cuando tengas habilidades para enfocarte en algo, considéralo tu meta.

La lista de ideas del ejercicio será independiente de tus responsabilidades diarias, de tu puesto, o de las molestas dudas que te cuestionan si intentas algo. La idea es que cada cosa de la lista entre de modo natural, casi orgánico, dentro de tus intereses y habilidades. Es una lista de ideas que resonará en ti y en la gente que te conoce bien. Si se la mostraras a tus padres, pareja, asesor o a tu mejor amigo, él o ella sonreirían y dirían: "Claro…eso tiene sentido."

El Plan 10%: ejercicio 3
Costo de oportunidad cero: ¿Qué quieres hacer?

Pensar en términos de costo de oportunidad cero te aleja de las responsabilidades y del trabajo fijo y te enfoca en lo que disfrutas, en tus talentos y sueños para responder la pregunta: "¿Qué quieres hacer?" Una de las mejores maneras de estructurar tu pensamiento es contestar preguntas que te ayudan a descubrir tus intereses. Conforme trabajes en este ejercicio, toma notas, ya que regresarás a las respuestas más adelante.

Para empezar contesta las siguientes preguntas:

- ¿Cómo te gusta pasar el tiempo en el trabajo?
- ¿Qué actividades cotidianas disfrutas?
- ¿Qué talentos tienes especiales que te distingan?
- ¿Prefieres trabajar en equipo o solo?
- ¿Qué tipo de problemas te gusta resolver?
- ¿Prefieres aconsejar o liderar?
- ¿Te gusta realizar una sola actividad o prefieres la variedad?
- ¿Qué haces mejor en el trabajo? ¿Con qué batallas?
- ¿Qué te gusta de tu trabajo? ¿Qué no te gusta?
- ¿Cuáles han sido tus experiencias profesionales más placenteras?
- Si tuvieras que hacer una sola cosa por el resto de tu vida, ¿qué sería?
- ¿Cuáles eran tus clases favoritas en la escuela?
- ¿Qué querías ser cuando tenías dieciséis años? ¿Cuando tenías veinticinco?
- ¿A quién admiras profesionalmente?
- ¿El empleo de quién te gustaría tener?
- ¿Tienes ideas sobre un negocio que no puedes sacar de tu cabeza?
- ¿Según tus asesores o amigos cuál sería tu trabajo o puesto ideal?
- ¿Qué te gusta leer? ¿Qué temas sigues en las noticias?

Ahora, basándote en tus respuestas, responde las siguientes preguntas para generar una lista de industrias, roles o áreas profesionales que te atraen:

- ¿A qué tipo de negocios te gustaría dedicarte? ¿Qué industrias o modelos de negocios te emocionan?
- ¿Con quién te gustaría trabajar?
- ¿Qué tipo de habilidades te gustaría adquirir?
- ¿Qué habilidades puedes usar para un proyecto de negocio?
- ¿Cuál es el proyecto de tus sueños?
- ¿Prefieres liderar, aconsejar o ser socio?

AJUSTAR NUEVAS OPORTUNIDADES
EN UNA VIDA OCUPADA

Cuando estaba en mi segundo año de la escuela de negocios tome una materia de estrategia competitiva avanzada. El enigmático nombre de la clase era "Integrar la empresa".[33] En el transcurso del semestre, descubrí que esas tres palabras señalaban un conocimiento poderoso: para que un negocio sea exitoso, todas sus actividades deben unirse de manera cohesiva. Con mucha atención en la estrategia, las compañías inteligentes se estructuran alrededor de un ciclo (de actividades) autorreforzante y virtuoso. Cada parte del negocio es mejor por su diseño global. Puede parecer un concepto simple, pero nunca había pensado antes en los negocios como máquinas integradas.

Las compañías con estrategias integradas son como corredores de élite. Cuando ves maratonistas de clase mundial, sus movimientos parecen, de cierto modo, mecánicos. Cada movimiento contribuye a impulsar el cuerpo del atleta hacia la meta. Si los subcomponentes del corredor (la caída de los pies o el balanceo de los brazos) se complementan, entonces se necesita menos esfuerzo para ir hacia delante. Con la eficiencia viene la velocidad, pero dado que todos los elementos se mueven alineados, los riesgos de una herida también disminuyen. Después de todo, es un ciclo virtuoso. Gracias a una economía de movimientos y a una unidad de propósitos, el corredor integra el proyecto entero.

Piensa en cómo se mueve un atleta profesional o cómo se integran los elementos de una máquina para completar una tarea, y aplica esa misma precisión a tu 10%. Cada decisión, esfuerzo y acción deberá contribuir a la estrategia general. Mientras mejor ajustes tu capital intelectual con tus intereses profesionales, pasiones, y relaciones (dentro de tu 10%) más lograrás con cada acción. Una mejor alineación con el otro 90 por ciento también incrementa las posibilidades de que tengas éxito y plenitud al 100%. Añade combustible a la máquina.

¿Cómo sabrás que vas por buen camino para alinear todos estos factores? Lo sentirás de manera intuitiva conforme trabajes en proyectos que te ofrezcan la autonomía que viene con la iniciativa empresarial. El tiempo y el esfuerzo no se sentirán como "trabajo," a pesar de que, claro, estarás haciendo todo tipo de labores. Analizarás oportunidades de negocio, investigarás, tomarás decisiones, harás conexiones y reservarás tiempo para llamadas en conferencias y reuniones. Para aportar a tu capital intelectual, harás muchas preguntas sobre ti y sobre los demás, todo mientras sales de tu zona de comodidad. Lidiarás con incertidumbres y riesgos, batallarás con áreas oscuras y algunas veces tendrás que confiar en tus instintos. Tendrás éxitos, fracasos y habrá sorpresas buenas y malas. Es sólo el proceso de crear un negocio. Así es como siembras semillas. Pero nada de eso se sentirá como trabajo porque todas estas actividades serán el resultado de tus decisiones.

El 10% de Dipali Patwa sirvió como catalizador para perseguir sus pasiones mientras las integraba en una vida ocupada. Su línea de ropa para niños se siente como lo que sólo puede hacer alguien que se mudó de Bombay a Brooklyn. Los niños en las páginas del catálogo de Masala Baby expresan la diversidad de la ciudad que adoptó a Dipali, pero los une un aspecto común: todos están vestidos en los colores y diseños de su nativa India. Los modelos de su catálogo incluyen a su propio hijo,

Elan, y a todos los niños Masala en los pasillos del edificio de su departamento.

Cuando era una joven graduada de la escuela de diseño, Dipali viajó por zonas rurales de India, viviendo en pueblos durante meses mientras alimentaba su apreciación por la herencia cultural de su país. Gracias a una beca llegó a Nueva York y cuando decidió quedarse, se embarcó en una misión de por vida para fusionar las cualidades únicas de India con las de su nuevo hogar. Eso no iba a pasar de la noche a la mañana, así que trabajó en la industria de la decoración de interiores durante una década para construir poco a poco su credibilidad y capital intelectual.

Después de iniciar una familia, Dipali encontró una oportunidad prometedora para reconectarse con la India en el cuarto de su hijo. Cuando lo vestía con la ropa que le mandaba su madre desde su país, el atuendo recibía muy buenas críticas. ¿Habría manera de inyectar la sensibilidad del diseño hindú en el mercado especializado en productos para niños? Con una inversión de 5 000 dólares Dipali desarrolló una línea de diez artículos para bebé y reservó un espacio en una feria de ropa para niños para probar y validar su idea. Fue un éxito desde el primer día. Pronto se encontraba haciendo ventas desde su habitación, almacenando inventario en el sótano y usando su tiempo libre para enviar una línea creciente de productos a tiendas en todo Estados Unidos.

Para su quinto año de operaciones, Masala Baby había diseñado y creado más de mil productos por temporada. Ahora que sus clientes y Elan habían crecido, Dipali se expandió a la moda infantil también. La compañía vende en línea, a través de más de 250 tiendas especializadas y en cadenas lujosas como Nordstrom. Toda la línea de productos se hace en India y se abastece de trabajo justo y proveedores de productos orgánicos cuando es posible. Dipali también busca promover la iniciativa empresarial entre las mujeres, por eso tiene muchas socias de producción. Conforme la marca crece de manera evidente, Dipali ha descubierto que Masala Baby aparece en lugares sorprendentes. Cuando bloggers de moda descubrieron al hijo de Matthew McConaughey, Levi, vistiendo una túnica de esta marca en la revista *People*, se agotó el producto de un día para el otro.

Dado su éxito y la demanda creciente de su 10%, Dipali decidió reequilibrar su carrera. Dejó su trabajo de tiempo completo para repartir su tiempo entre Masala Baby y su rol como jefe creativo en Mela Artisans, una compañía que importa artesanías de India a Estados Unidos. Masala Baby y Mela comparten una visión común y valores entrelazados, por lo que puede manejar las dos responsabilidades, intensas pero viables gracias a la sinergia que tienen. También minimizó la fricción entre ellas. Ahora, el equipo de Masala Baby se sienta justo abajo del recibidor de Mela.

Gracias a una buena planeación, Dipali se ha mostrado como una diseñadora cuyo talento va más allá de las telas. En la actualidad, sus pasiones por la familia, moda, la India e iniciativa empresarial se unen para reflejar sus habilidades y ambiciones particulares. Como Dipali atestigua, cuando se une tu capital intelectual y pasión, lo sientes. Te vuelves súper eficiente, bien nivelado y muy productivo porque sabes que haces algo para lo que estabas destinado. Ella trabaja duro, pero Masala Baby es un reflejo de todo lo que le importa, así que integrar la compañía con el resto de su vida tiene sentido.

A pesar de que su viaje de diseñadora a emprendedora parece orgánico en su totalidad, cuando se ve en retrospectiva, ella, como cualquier otro emprendedor primerizo, luchó para encontrar una idea que la emocionara mientras seguía construyendo sus fortalezas profesionales. Pensó con cuidado en sus habilidades y pasiones, por eso cuando el concepto de Masala Baby llegó a su cabeza, estaba emocionada y bien preparada para invertir un poco de dinero y tiempo, y probar su idea.

Si no tienes ninguna idea de negocios en mente o crees más en tus pasiones que en tus habilidades (o viceversa) no te desanimes. Es raro que las ideas brillantes caigan del cielo. Averiguar cómo emplear tu experiencia y habilidades requiere trabajo. Sólo recuerda que los emprendedores vienen de un gran rango de industrias y contextos, por lo que no necesitas un tipo específico de experiencia. En vez de eso, la clave es identificar las áreas donde eres más capaz y después buscar oportunidades que te permitan explotar tus habilidades.

PARA SABER A DÓNDE VAS, REVISA DÓNDE ESTUVISTE

Cuando trabajas en la misma industria o el mismo puesto por un tiempo, olvidas que muchas cosas que haces todos los días son únicas. Si estás sentado en una oficina con mil personas muy buenas haciendo hojas de cálculo en Excel, olvidas que, en el mundo exterior, muchas personas encuentran esas hojas muy complicadas. Es gracioso cómo las habilidades que te costó tanto trabajo aprender se llegan a sentir mundanas. Cuando te alejas de la tribu y dejas los confines de tu rutina, descubres que tu capital intelectual es apreciado. El abogado se sorprende por la habilidad del contador para hacer hojas de cálculo de la nada.

El contador no tiene la habilidad del diseñador para formular ideas que combinan forma y función. El mismo fenómeno se extiende a un gran rango de disciplinas, como tecnologías de la información, mercadotecnia, artes, carpintería y cualquier otro campo que requiera habilidades especiales.

En el ejercicio de Costo de oportunidad cero, pasaste algo de tiempo lejos de los límites de tu vida diaria para explorar la pregunta: "¿Qué quieres hacer?" Ahora es momento de reducir la lista de ideas para enfocarte en áreas que sacan partido a tus fortalezas. Para hacerlo, contesta la pregunta: "¿Qué haces bien?" Aquí es donde el capital intelectual entra en juego.

A pesar de que la mayoría ha hecho un currículum en algún momento, resaltar y sintetizar en lo que eres bueno, en especial tu capital intelectual, puede ser más difícil de lo que piensas. Cuando comenzaba a ser Emprendedor 10%, batallé para explicar mis intenciones y habilidades a amigos, familiares y, más importante, a la comunidad que podría apoyarme para progresar. No me ayudaba. Estaba desorganizado, no tuve tiempo de establecer objetivos y aunque tenía en mente algunas áreas que me interesaban de manera profesional, no consideraba todas las posibilidades. La buena noticia es que, si ya hiciste los ejercicios en la primera mitad de este libro, abordaste esos obstáculos, así que estás unos pasos más delante de donde yo comencé.

Cuando se trataba de describir mis fortalezas profesionales, no sabía cómo poner en contexto lo que había hecho en mi carrera. Podía hablar sobre algunos logros, pero mis credenciales estaban lejos de ser comprensibles o integradas. Me dediqué a recordar los años recientes de experiencia laboral, pero no pensé en mis comienzos, en los puestos formativos y relaciones, para ver cómo se integraba todo.

Mi falta de concentración era una severa limitación. Se volvió muy clara cuando me acerqué a mi amiga Kenna (reclutadora empresarial) en busca de asesoría. Al reunirnos, me pidió que resumiera mi experiencia y mis fortalezas, por lo que abrí la boca y no dejé de hablar en los siguientes cinco minutos. Enlisté un sinfín de intereses sin relación aparente, detallé algunos empleos anteriores y comenté al azar un par de proyectos en los que trabajé en Paquistán, Turquía y Colombia. Cuando por fin dejé de hablar, Kenna alzó las cejas, parpadeó un par de veces y me ofreció unos consejos: "Patrick, resiste a la tentación de decirme todo lo que hiciste. Es interesante, pero es un poco abrumador. En vez de eso, conoce a tu audiencia, lo que es relevante para ella y adapta tu discurso a eso. Piensa en las demás cosas hechas como una sorpresa que puedes sacar algún día en el futuro cuando sea pertinente según la conversación."

Me sonrojé y le agradecí. Estaba disperso, de manera literal y figurada, y si contaría y vendería mi historia, necesitaba hablar con autoridad, claridad y, lo más importante, con enfoque. Unas semanas después, durante el almuerzo, mi amiga de la universidad Katherine me arrojó un salvavidas de manera inesperada. Mencionó que encontró a otro compañero, Mark Vlasic, quien ejercía derecho en Washington D.C. y estaba involucrado en todo tipo de proyectos alternos. Me sugirió leer su biografía en internet por si necesitaba un poco de inspiración.

Tenía razón. Además de su carrera en leyes, Mark trabajó como miembro del White House Fellows, programa para que los abogados colaboren en secretarías importantes del gobierno y ganen experiencia. Además procesó crímenes de guerra en La Haya y apareció como comentarista en una importante televisora. Mientras leía, dos pensamientos me vinieron a la mente.

Primero, debía levantarme más temprano y aprovechar el día. Segundo, muy pocas personas se toman la molestia de hacer una biografía, mucho menos una comprensiva. Parecido a un currículum, la estrategia de Mark funcionó mejor porque logró tres objetivos. Primero, otorgó un resumen de todas sus experiencias y las enmarcó para ayudar al lector con sus metas generales. Segundo, estableció una credibilidad constante. Y, tercero, desplegó sus fortalezas y áreas de conocimiento con precisión, por lo que cualquiera en su campo podría pensar en múltiples formas de trabajar juntos.

1. Cuenta tu historia en tus propios términos

Si confías sólo en un currículum, pierdes la oportunidad de adueñarte de la narración. Este documento no es más que una lista de trabajos, habilidades y logros educativos. No hay contexto, no tiene perspectiva ni una historia que vincule todas tus experiencias y genere sentido para el lector. Si te has mudado mucho, perdido un empleo, o pasado a otra industria, no hay modo de expresar las razones o beneficios de tus acciones. En vez de eso, se deja que el lector lo interprete a su gusto. Por otro lado, una biografía es la historia de tu vida, habla sobre ti. Controlas el mensaje, así que enfatiza lo más importante.

2. Establece credibilidad desde el principio

Cuando conoces gente nueva, necesitas una manera efectiva de generar credibilidad desde el principio. Quieres que te tomen en cuenta con seriedad y usar el tiempo de los demás de manera tan eficiente como sea posible. Pero, no enviarías tu currículum a alguien a menos que busques un empleo. Eso significa que necesitas otra manera de dejar claro que ofreces algo real, de esta manera sobresaldrás de los demás y ahorrarás tiempo detallando tus habilidades y experiencias. Preparar una biografía que compartas vía email o en internet (por ejemplo en LinkedIn), explica tu pasado y resalta tus logros sin sentirte incómodo o raro de ponerte en esa situación. Tu biografía será la que hable.

3. Identifica áreas de experiencia y capital intelectual

Muy importante: preparar una biografía *te beneficia*. Aunque es interesante contarle al mundo sobre tus fortalezas, debes tener tu historia en orden, en especial para ti. Al mirar atrás, evalúa tu pasado y después averigua qué significa para tu futuro. Al atar cabos, temas y áreas, ordenarás tu pensamiento para cuando apliques capital intelectual a tu 10%. Siéntete orgulloso de lo logrado. Es bueno pararse de vez en cuando y recordar que construyes algo único que refleja tus esfuerzos y talentos. Aprecia todo tu trabajo duro, es probable que hayas hecho mucho más de lo que recordabas cuando te sentaste a escribir por primera vez.

El Plan 10%: ejercicio 4
Escribe tu biografía profesional:
tu capital intelectual

Haz una lista de lo siguiente, usando tu currículum de guía (si no está actualizado, arréglalo):

• Grados académicos
• Empleos, roles, puestos y cargos
• Habilidades medulares
• Logros y premios
• Clientes clave y relaciones
• Experiencia en liderazgo y dirección
• Cursos, capacitaciones y certificaciones
• Actividades comunitarias
• Pasatiempos
• Publicaciones y proyectos de investigación
• Organizaciones profesionales

Una vez elaborada esa lista de tus logros profesionales y experiencias, organízalas en cuatro secciones:

1. Experiencias profesionales
2. Habilidades, credenciales y premios
3. Historial académico
4. Intereses personales y experiencias

Haz un borrador comprensible de tu biografía que abarque las cuatro secciones enlistadas arriba. Afínala y edítala hasta que presentes una historia sincera y coherente de tu carrera y tus logros. Debe resaltar tus fortalezas. Dásela a algunas personas en las que confíes y pide su opinión. ¿Qué temas sobresalen? ¿Qué perciben como tus fortalezas? Si estuvieran comenzando una empresa y buscando talento, ¿cómo te integrarías al equipo?

Revisa el texto de acuerdo con la retroalimentación obtenida hasta que comuniques con éxito el mensaje que quieres enviar al lector.

Cuando completes una biografía comprensible, prepara una versión más corta y concentrada.

Ahora, usando tu biografía, haz una lista de las cosas que haces bien, las habilidades específicas que ofreces a los demás y las áreas donde sobresales.

Por favor, consulta el apéndice al final de este libro para ver una biografía que puedes usar como modelo.

Después de establecer tiempo para evaluar mi pasado, preparé dos biografías. La primera fue larga, exhaustiva y seguro mis amigos habrían volteado los ojos al leerla. La guardé para mí (y para mantener una lista comprensible de todas las habilidades y relaciones que podría usar en mi 10%). Además, cuando me siento perdido, regreso a ella como guía. Después, escribí una segunda, más enfocada. Es mi carta de presentación, la que comparto con cualquiera que pueda ayudarme. Me permite establecer credibilidad con rapidez cuando busco proyectos y socios. También la incluí en mi perfil de LinkedIn. Como alguien que usa el sitio con frecuencia, sé que es inevitable que la gente me busque ahí antes de concretar una reunión o llamada.

SACA PARTIDO DE TUS FORTALEZAS

En este capítulo, completaste dos ejercicios. El primero, Costo de oportunidad cero, buscaba expandir tus horizontes. El segundo, Escribe tu biografía profesional, sacar y contextualizar lo que traes a la mesa. Como resultado de este trabajo, ahora contesta las siguientes dos preguntas:

1. ¿Qué quieres hacer?
2. ¿Qué haces bien?

La intersección de las respuestas a estas dos preguntas representa tu punto óptimo. En un sentido general, es el lugar donde sacarás partido a tus fortalezas dedicándote a proyectos que aprovechen tu capital intelectual de la manera más efectiva posible y según tus intereses. También es un filtro para considerar cómo el capital intelectual te ayuda a seleccionar oportunidades potenciales. Al avanzar, considerarás cada esfuerzo a través de una lente que te hace la pregunta: ¿Se apega a mis fortalezas?

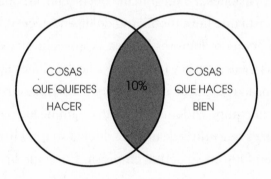

Toma el caso de Roberto Rites. No es del tipo que se intimida ante un reto, incluso si le toma un tiempo averiguar cómo integrar la iniciativa empresarial en su carrera. Ha estado en más de cien países y fue campeón de bodyboard de Sao Paulo, Brasil. Es un buscador de emociones, y nunca quiso ser un emprendedor de tiempo completo. Prefería un camino más estable y predecible, escogía puestos corporativos en finanzas y mercadotecnia, hasta que aterrizó en Oi, la mayor compañía de telecomunicaciones en Brasil y Sudamérica. Como gerente general de Oi Paggo, negocio de pago telefónico dentro de la empresa, dirigió una *startup* desde las oficinas de un negocio líder ya establecido. La experiencia fue transformadora y salió con un capital intelectual renovado.

Ahora, sus ojos se abren de emoción ante la iniciativa empresarial. Roberto se convirtió en un Emprendedor 10% de forma natural, aunque le tomó tiempo descubrir su punto de apoyo. Exploró algunas ideas como Fundador, pero no encontró una que en verdad lo emocionara. También se dio cuenta de que era difícil viajar por el mundo en busca de aventuras cuando diriges una empresa incipiente. En vez de eso, decidió repartir sus apuestas como Ángel, invirtiendo en compañías que se apegaban a sus fortalezas y pasiones. Es un gran fan del diseño, así que respaldó a un minorista que lleva mobiliario de diseño accesible a Brasil al asociarse con productores locales. Aprovechó su experiencia en finanzas y estrategias y las añadió a las lecciones aprendidas cuando lanzaba los pagos de la *startup* para tomar un rol activo y asesorar al equipo. Además, invirtió en un negocio de telecomunicaciones que utiliza de manera directa su capital intelectual obtenido en Oi y en su actual empresa. Entiende los negocios de manera intuitiva y contribuye de forma directa al dinamismo y crecimiento de la compañía.

Regresando al trabajo que has hecho en este capítulo, estudia tus respuestas del ejercicio de Costo de oportunidad cero y relee tu biografía profesional. Mientras lo haces, busca áreas donde te apegues a tus fortalezas. Las cosas para las que eres bueno te darán la llave para abrir la puerta de las que disfrutas. Es muy posible encontrarte en la intersección de las cosas que quieres hacer y las que haces bien, así es como se genera una estrategia integrada de verdad. Toda la gente conocida hasta ahora, y la que viene más adelante en el libro, encontraron oportunidades apegadas a sus fortalezas. Dipali se apoyó en su experiencia con los textiles para explorar su pasión por el diseño indio. Roberto aplicó su considerable experiencia operacional a los retos de una *startup* cuyo enfoque en el diseño lo emocionaba. En cada uno de los individuos presentados, su 10% va tan ligado a sus intereses, historias personales y habilidades, que es difícil imaginarlos *no* haciendo estas cosas. Cuando conoces a alguien como Luke de Luke´s Lobster, sólo piensas que nació para crear su compañía. Es una extensión de todo lo que es como persona.

Apegarte a tus fortalezas puede generar un impacto más allá de tu ser. Usa tus talentos para trabajar en proyectos y conseguir grandes objetivos importantes para ti. Dado que las mujeres ocupan 15 por ciento de posiciones ejecutivas en firmas de capital de riesgo, no es de sorprender que las emprendedoras batallen con frecuencia para obtener capital.[34] Anu Duggal vio muchas grandes ideas irse por la borda, así que creo la Female Founders Fund, o F Cubed, para apoyar a mujeres emprendedoras. Para Anu, enfocarse en *startup*s dirigidas por mujeres es un buen negocio. Puede generar grandes rendimientos invirtiendo en compañías que son ignoradas por el resto de la industria. A pesar de que dirigir F Cubed es un esfuerzo de tiempo completo, la base de inversión de Anu incluye Emprendedores 10% y Emprendedores 110%, que son ejecutivos y fundadores de firmas como Gilt, Facebook, Google y Netflix. Están ansiosos de apoyar a mujeres emprendedoras mientras toman decisiones inteligentes de inversión. De hecho, dos de los Emprendedores 10% que ya conociste son miembros activos en la red de contactos de este fondo: Beth Ferreira es miembro del comité de inversión de F Cubed y Farah Khan ha invertido junto con Anu en una de las compañías más prometedoras de su portafolio.

Sólo porque haces algo bueno por el mundo no te prives de producir dinero al mismo tiempo. Para todas las mujeres (y hombres) en la red de contactos de F Cubed, invertir en compañías prometedoras dirigidas por mujeres consigue varios objetivos. Esto no implica tomar mayores riesgos o generar menores rendimientos que cualquier otra oportunidad. Del mismo modo, incluso si reúnes el mejor equipo posible, también usa tu 10% para invertir en tu país, como Alex y Tania de Bunny Inc., o para crear empleos en tu estado, como Luke de Luke´s Lobster. También puedes construir una empresa socialmente responsable, como Masala Baby, que integra su misión social con su identidad. Todos estos Emprendedores 10% usan los negocios como conducto para mejorar el mundo que los rodea mientras persiguen estrategias y objetivos que contribuyen al éxito financiero general de sus compañías.

Claro que puedes dedicarte a oportunidades que no saquen partido a tus fortalezas. Es posible que tengas una idea prometedora que cae fuera de la intersección de tu capital intelectual e intereses. Después de todo, tu 10% es un lugar para tomar riesgos calculados, porque estás en una posición de estabilidad. Comienza poco a poco para aprender. Después, incrementa el tamaño de tu inversión conforme ganes confianza y capital intelectual en un área determinada. Cuando experimentes en tu 10%, hay maneras de evitar errores comunes cuando trabajas fuera de tu área de experiencia. La manera más sencilla es asociarse con alguien que tenga capital intelectual en áreas que tu no manejas. Se enseñarán uno al otro e incrementarán las probabilidades de éxito. Además, estarás listo para tomar un rol más independiente la próxima vez.

Si eres bueno en proyecciones financieras y quieres trabajar con restaurantes, busca proyectos que recaen en la intersección de finanzas y cocina, como ayudando a un chef a elaborar un plan financiero para su nuevo restaurante. Cuando estés listo, llama a alguien como Dan Gertsacov de La Xarcuteria y ve si necesita ayuda. De manera similar, si tienes experiencia en mercadotecnia en redes sociales y quieres aprender sobre *startups* dedicadas a viajes, rastrea gente como Diego Saez-Gil y Tom Pierucci, que están trabajando duro para llevar a cabo su visión de la maleta de viaje Bluesmart y buscan gente que se una a su causa.

Yo entré al juego de las inmobiliarias gracias a mi amigo Jason, inversionista de bienes raíces en Miami. Hace unos años me enteré de que una empresa con la que había trabajado en el pasado buscaba un inversionista para una bodega en Miami. Conocía bien la compañía y el edificio, y a pesar de que no sabía mucho de bienes raíces, sí sabía a quién llamar. Jason vive a menos de 30 kilómetros del edificio, es un inversionista con experiencia y confío en él como en mi familia. En ese momento, nuestro capital intelectual se complementaba mucho. Podía responder por la compañía y sus dueños, mientras Jason llevaba el trato. Trabajamos juntos en lo que al final resultó ser una inversión fantástica. Ahora que aprendí algo sobre inmobiliarias, he invertido en dos proyectos más de Jason.

Al trabajar y asociarse con gente cuyo capital intelectual se complementa con el tuyo, puedes contar con ellos para ampliar tu rango. También devolver el favor, recurriendo a tus propias habilidades para ayudar a otros a expandir sus actividades en nuevas áreas. Es el valor de tener un equipo. Sin importar qué tan bueno seas en tu trabajo o cuánta experiencia tengas, el socio o socios adecuados harán una gran diferencia. Como verás más adelante, nadie puede saberlo todo, y recurrirás a tu capital intelectual, como también lo harán las personas inteligentes en tu red de contactos, para hacer la tarea y encontrar respuestas. Pero antes de movilizar a tu red de trabajo, necesitas un proceso para encontrar, analizar y comprometerte con las oportunidades. En el siguiente capítulo aprenderás a hacer el trabajo de un Emprendedor 10%, encontrando tus primeros proyectos y evaluando los méritos para estructurar tu participación en cada empresa.

CAPÍTULO 7
Encuentra, analiza y
comprométete en un proyecto

Ya que hiciste el inventario de tus recursos, es momento de dar el siguiente paso en tu plan 10%. El proceso de inversión es el aspecto del plan que te guiará en cada momento mientras identificas y evalúas los riesgos de tu 10%. Cuando tengas preguntas o necesites ver tu brújula para estar seguro de que sigues en curso, te ayudará a hacer las preguntas precisas, buscar respuestas y, después, tomar decisiones basadas en hechos y datos. Una vez que lo domines, el proceso se volverá reproducible y te ahorrará mucha energía mental. Al seguir los mismos pasos, adquirirás confianza en tus juicios, aprenderás a trabajar con eficiencia y te comprometerás con proyectos que impliquen un mayor aprovechamiento de tus recursos. También pasarás mucho tiempo fuera, en el mundo real, ensuciándote las manos y pensando como un inversionista de riesgo. Es la parte más divertida de tu trabajo y, por lo general, la más impredecible. Nunca sabrás con toda certeza a dónde te llevará tu 10% y es probable que sea a los lugares menos esperados.

Así es como terminé en Playlist Live, una colosal convención de celebridades de YouTube festejada en Orlando, Florida. Si nunca fuiste a una, déjame contarte de lo que te has perdido. Caminar es como navegar en la red, pero en la vida real. Las personalidades de YouTube firman autógrafos, venden camisetas y se mezclan con sus fans. Éstos, una combinación de preadolescentes y aficionados a la tecnología, están en éxtasis desde el momento en el que no necesitan dar un "like" para demostrar su admiración. Es difícil no dejarse llevar por este espíritu, así que me sentí deslumbrado cuando conocí a Tay Zonday, una de las primeras estrellas de YouTube. Su video *Chocolate Rain* (Lluvia de chocolate) generó más de un millón de visitas, de las cuales al menos veinte están asociadas a mi dirección IP.

Volé a Orlando gracias a la invitación de un antiguo colega, Marcelo Camberos, quien no mucho tiempo atrás inició una compañía: Real Influence, para relacionar marcas con celebridades de YouTube. Esto ocurrió en 2011, la era oscura del estrellato en YouTube. La idea aún estaba en pañales y Marcelo fue un pionero. Necesitaba ayuda con el desarrollo del negocio así que me ofreció un puesto como Asesor a cambio de algunas acciones y una comisión por las ventas que generara. Como yo nunca había trabajado en un proyecto empresarial desde cero, supe que al menos aprendería algo nuevo, además de divertirme al reencontrarme con un amigo.

Al asignarme un proyecto secundario, Marcelo me integró al negocio como un Emprendedor 10% de forma oficial. También puso a prueba mis capacidades. Después de trabajar con los pioneros del entretenimiento en línea Funny or Die, era un experto cuando se trataba de video y me enseñó cómo mostrar este nuevo canal de mercado a los clientes potenciales. Yo nunca vendí nada en mi vida, pero de pronto estaba sentado en la misma mesa con empresas como Diageo y Estée Lauder. Aprendimos al ser rechazados y nos molestamos cuando nos ignoraron, pero aun así conseguimos cerrar algunas ventas. Con todo, la idea estaba muy adelantada para sus tiempos y Marcelo decidió enfocar sus esfuerzos en un negocio que estaba levantando una estrella de YouTube en auge. Vendí mi parte como Asesor de la empresa, siendo un poco más rico y con mucha más confianza como emprendedor de la que jamás me imaginé. Aunque en ese momento no me di cuenta de que planté una semilla para una futura empresa 10%.

Seis meses después, me llamó para preguntarme si quería invertir en su nueva compañía: ipsy. Se había asociado con Michelle Phan (una de las estrellas más grandes de Yutube en el área de belleza) para hacer un negocio de cosméticos por suscripción. En poco tiempo me di cuenta de que me encontraba en posibilidad de saber si el negocio funcionaría o no. Gracias a mi experiencia en Real Influence, comprendí el tremendo potencial comercial de YouTube (sobre todo en sus grandes celebridades) y que Marcelo tenía las capacidades para explotarlo. En cierta forma, yo fui como el 71 por ciento de los emprendedores encuestados por la revista *Inc.* que tuvo la idea de su negocio durante su trabajo anterior.

Ese no fue el único factor en juego. Descubrí que ya conocía a otro inversionista de ipsy. Cuando era asesor en Real Influence, presenté a Marcelo con un antiguo compañero de clase, Nir Liberboim, para aprender de su experiencia en la industria de los cosméticos. Como ipsy tenía que ver con el sector de belleza, Marcelo le pidió a Nir que considerara financiarlo. Confié en el juicio de Nir, sobre todo porque se trataba de un negocio de consumo. Por eso, su decisión de invertir me dio seguridad.

A pesar de estar emocionado, analicé la oportunidad como analizaría cualquier otra inversión a lo largo de mi carrera. Mantuve la calma e hice mi tarea con el fin de desarrollar confianza en el equipo, en el producto, los inversores y mi propia habilidad para ayudar a ipsy a conseguir el éxito. Cuando estuve convencido formulé a todos las preguntas correctas, firmé papeles, transferí dinero y el resto es historia. En los siguientes tres años, de una inversión de unos cuantos millones de dólares la compañía creció en un 3 000 por ciento, con más de un millón de suscriptores y generó ventas anuales superiores a los 150 millones. Basados en esa trayectoria, se logró aumentar una suma de 100 millones adicionales de inversionistas en Silicon Valley. Es una de las inversiones más emocionantes que hice. Además, es divertido ser socio de gente a la que respeto en un negocio tan innovador. Esto hizo que mi experiencia en Real Influence fuera aún más productiva de lo que pude imaginar. Dado el crecimiento de la compañía, el valor de mis acciones se incrementó de manera notable. Después de todo, aquel fin de semana en el Playlist Live resultó ser un tiempo muy bien aprovechado.

ESCOGER LAS OPORTUNIDADES CORRECTAS: EL PROCESO DE INVERSIÓN 10%

Ahora que sabes cómo aprovechar tu capital intelectual para determinar qué tipo de proyectos sacarán partido a tus fortalezas, busca oportunidades. En este punto es probable que te preguntes: ¿Y cómo encuentro proyectos que sean relevantes para mí? Quizá tengas algo en mente, pero cuestionarte cómo saber si es o no una buena idea es, de hecho, una buena idea. Aquí es donde tener un proceso de inversión hace la diferencia. Te ayudará a pensar con claridad y evitar la tentación de seguir a los demás o tomar decisiones inadecuadas. Aunque debes confiar en muchas personas en tu trabajo, la última decisión recae en ti. La responsabilidad es tuya.

Hace una década tuve la oportunidad de observar la migración de ñus en el Serengueti. Esta migración encarna la máxima lección de liderazgo. Entre cientos de miles, los ñus se guían uno a otro a través del desierto. Se mueven con rapidez formando una caravana que serpentea la planicie y van formados tan cerca uno del otro que no hay espacio entre la cola de uno y los cuernos del que sigue. De cuando en cuando, la manada se detiene y los animales se reúnen en grupos cerrados antes de recomenzar la travesía. Mientras el rebaño avanza hacia su destino, se puede ver el profundo significado detrás de ese desfile que parece no tener fin. Es una estrategia de supervivencia basada en la inteligencia colectiva. Moverse como un grupo dificulta que un depredador pueda cazar a más que unos cuantos miembros de una sola vez. Por lo que si un león o un cocodrilo logra atrapar a uno o dos ñus, la gran mayoría del grupo sigue su curso sin darse cuenta de que ha perdido a un camarada.

No seas un ñu. Esconderte entre una multitud no puede salvarte de hacer una mala inversión, sólo te asegura que perderás tu dinero con un montón de personas. Como Emprendedor 10% no puedes seguir la corriente o aceptar las cosas de modo superficial. Con frecuencia colaborarás con otros, pero ya sea que evalúes tu primera o vigésimo primera opción, evita seguir a alguien más. He visto a más de un supuesto inversionista "experimentado" justificar su decisión con en el argumento: "[Nombre de una empresa de capital de riesgo] está invirtiendo." Me atrevo a juzgar como tonta esa estrategia. Para mí, es como copiar la tarea de alguien más, así no aprendes nada y ni siquiera tienes idea de si las respuestas son correctas. El camino más claro para convertirte en un inversionista experimentado y eficaz es hacerlo. Si te saltas la parte de "hacer" en el proceso y, en vez de eso, tomas decisiones con base en las acciones de otros, estás destinado a cometer los mismos errores una y otra vez. Cada vez que me encuentro con una estrategia de inversión basada en una sociedad, me siento tentado a preguntar: "¿Entonces si [nombre de una empresa de capital de riesgo] se avienta de un puente, tú también lo harás?"

Esto genera la siguiente pregunta: ¿Hay muchos ejemplos de inversionista de riesgo considerados ñus? Por supuesto. Algunos sólo persiguen tendencias e imitan a otras compañías, pero hay una gran diferencia entre esas personas y tú: ellos juegan con el dinero de otras personas, tú no. Estás comprometido con tus propios recursos, ya sea en forma de tiempo, capital financiero o ambos. Eso significa que si tomas atajos o sigues a otros podrías estar saltando de un puente y hasta donde yo sé, los ñus no saben volar.

Cuando estés dentro del negocio te encontrarás evaluando muchas de las oportunidades que se te presenten. Integrar la iniciativa empresarial en tu carrera implica mucho más que un balance entre riesgo y ganancia. También significa cambiar de modo radical la mentalidad de ser "empleado." De pronto, tienes el control sobre las oportunidades que perseguirás o no. Ahora existe una relación directa entre el esfuerzo y el rendimiento potencial sin necesidad de que te preocupes por las políticas corporativas o los innumerables factores que afectan las ganancias en una estructura empresarial. Tampoco sabrás a dónde te llevará el proyecto. El Real Influence de hoy puede ser el ipsy de mañana.

Al mismo tiempo, incluso la simple idea de comenzar puede ser abrumadora. Lo fue para mí. La autonomía suena muy bien en papel. Es maravilloso tener opciones, pero es también una responsabilidad. Cuando tomas decisiones, tienes que hacerlo. No puedes esconderte detrás de otros después de demostrar un juicio pobre o no estar seguro de qué hacer.

Para todos, el valor psicológico que acompaña a la libertad puede ser intimidante. Confiar en tus esfuerzos personales y en la efectividad para generar ganancias es tan lógico como atractivo, pero también existe la pérdida de seguridad. Ya no puedes seguir nada más y recibir un pago sin importar el éxito que obtengas en un determinado momento.

Tener una metodología clara, conocida como proceso de inversión, te permitirá aplicar paso a paso la técnica que siguen los inversionistas de riesgo experimentados cuando hacen inversiones. Pensar como uno de ellos te ahorrará tiempo, te ayudará a reflexionar con rigor y enseñará a reconocer patrones para aprender sobre la marcha. También te dará la seguridad de estar tomando decisiones basado en hechos y en tu capital intelectual, más que en un impulso o en la emoción. Cuando cierres un trato sabrás que hiciste tu tarea. El proceso de cinco pasos que se muestra a continuación es crítico y no puedes subcontratar a nadie.

El Proceso de Inversión del 10%

CAPITALIZACIÓN	FILTRACIÓN	DEBIDAS DILIGENCIAS[1]	DECISIÓN FINAL	DOCUMENTACIÓN
Encontrar la oportunidad	Evaluar si va acorde con tu plan 10%	Analizar el proyecto	Comprometerte o declinar	Hacerlo oficial

[1] Debidas diligencias deriva del inglés (Due Diligence), pero es el término que se usa en el mundo de los negocios. (Nota de la traductora)

El primer paso es la capitalización, en la cual generarás una red de oportunidades prometedoras para tu 10%. A partir de esta red, emplearás un proceso de filtración para eliminar los riesgos que no encajan con los parámetros de tu plan 10%. Después realizarás las debidas diligencias con el fin de identificar el atractivo de cada oportunidad. Basado en tus hallazgos, tomarás la decisión final y decidirás seguir adelante o dejar pasar la oportunidad. Al final, debes hacerlo oficial al formalizar tu compromiso por medio de la documentación legal que corresponda.

1. Capitalización

Gracias a tu trabajo, cuando te sientes frente a la computadora en tu primer día como Emprendedor 10%, tendrás una buena noción de tus recursos. También la sensibilidad para identificar el tipo de proyectos del 10% que quieres perseguir, por lo menos al principio. ¿Qué harás después? Una vez pasada la conmoción descubre cómo empezar. Quieres hacer tu primera inversión, conocer a tu primer socio o tener una idea tan fascinante que te convenza de que es la mejor manera de usar tu tiempo. Todos éstos son impulsos positivos. Tendrás que apresurarte y enfocarte al mismo tiempo, por lo que una sensación de urgencia puede operar a tu favor. Pero, necesitas equilibrar ese entusiasmo con paciencia. No estás aquí para plantar una semilla lo más rápido posible, con la esperanza de que algo crezca. Estás aquí para construir un jardín que crecerá a lo largo de los años.

Cuando se trata de capitalizar ese primer proyecto, Michael Mays, un Emprendedor 110 % de Los Angeles, toma prestado un término del mundo de las inmobiliarias para indicar cómo empezar: necesitas un inquilino ancla. Imagina que estás desarrollando un proyecto en bienes raíces, ya sea un edificio de oficinas o un centro comercial. El primer inquilino en el edificio, conocido como inquilino ancla, te mete al negocio y te quita peso de encima. Podrás conciliar el sueño al saber que tienes al menos una persona que paga la renta. Esto le dice algo al mundo y prepara el terreno de lo que vendrá. Genera el efecto halo indicándole a los demás que estás dentro del negocio y atrae a más inquilinos. Si escoges al inquilino ancla correcto, todo lo demás vendrá splp.

Tu inquilino ancla es la persona o la oportunidad que te hace empezar. Para mí, juntar fuerzas con Marcelo en Real Influence fue como ese inquilino ancla. Lo conocí a inicios de mi carrera y lo llamé cuando buscaba la oportunidad de trabajar en algo nuevo. También confiaba en él y vi la oportunidad como una aventura y una forma de aprender. Había poco riesgo (sólo mi orgullo), pero me importaba hacer bien el trabajo y causar un impacto positivo porque lo respetaba y quería ayudarlo a tener éxito. Con mi inquilino ancla en su lugar, aprendí a ser un Emprendedor 10% mientras hacía conexiones construyendo mi portafolio de negocios para Real Influence. Di presentaciones ante clientes potenciales y busqué en mi red de contactos a todos los que estuvieran interesados en el servicio. Lo más importante de todo es que tener el papel de Asesor era casi como tener un letrero con la leyenda "Abierto para cualquier negocio" colgado de mi cuello o en mi perfil de LinkedIn.

Una vez que encuentres el proyecto inicial, no te detengas. Como verás en el siguiente capítulo, la capitalización es una actividad de *networking* en muchos sentidos. Mientras haces un portafolio de trabajo tendrás que prestar mucha atención al mismo tiempo que hablas con los demás. Siempre trata de generar un universo de proyectos potenciales (que adaptarás a tu proceso de inversión) estrechando tu foco de atención en cada paso hasta que sólo queden los mejores candidatos. En este momento no te preocupes tanto por la cantidad de proyectos en tu plato. Tu objetivo es invertir tiempo de la manera más inteligente que sea posible, por lo que reducirás tu campo durante la siguiente fase de tu proceso. Cuando capitalizas, mientras mayor y mejor sea el universo, mayor será tu oportunidad de encontrar algo extraordinario de verdad. Ahora bien, si te das cuenta de que estás demasiado ocupado para evaluar y responder en tiempo y forma, es momento de bajar el ritmo. No querrás alejar a la gente que te trae propuestas por ser insensible o poco confiable.

2. Filtración

Ya que tienes una o más oportunidades en las manos, el siguiente paso es descubrir cómo se ajustan a tus objetivos y recursos. Apoyado en el trabajo que hiciste antes en este libro, determinarás si corresponden a los criterios que formulaste para tu plan 10%. A eso se refiere la filtración, y es el primer paso para acotar tu portafolio de negocios. Tendrás que pensar cómo se alinea el proyecto con tus recursos, en especial con tu tiempo, capital financiero e intelectual. Plantéate estas dos preguntas:

- ¿Tengo los recursos para integrar esto con éxito a mi plan 10%?
- ¿Quiero incluir esto a mi 10%?

En la fase de filtración tu meta es ser eficiente sin piedad. Un inversionista de riesgo promedio invierte en un pequeño porcentaje de los proyectos que caen en su escritorio, le conviene ser escrupuloso. Tú no quieres perder el tiempo en cosas que no se ajusten a tus criterios. Si no hay correspondencia con tus recursos, no conoces a las personas que serían tus socios o no estás aprovechando tus capacidades, es muy simple: el trato no es para ti. Basado sólo en esos factores por lo general elimino más de la mitad de las propuestas en mi portafolio de negocios. En repetidas ocasiones termino recordándome que soy un Emprendedor 10% y no un ñu. Es tentador invertir con amigos aunque no entiendas cómo funciona un restaurante o cómo una aplicación genera dinero. Puedes enamorarte de una idea o de un equipo, pero si el negocio no saca partido a tus fortalezas, es mejor invertir en otra parte. Si contemplas estas situaciones a tiempo, te ahorrarás la molestia de emprender diligencias innecesarias, lo cual es un proceso mucho más detallado.

Al acotar el terreno, enfocas tu tiempo en el universo de proyectos valiosos para la inversión de tiempo y energía mental. Cuando dejes pasar una oportunidad, asegúrate de responder rápido, dar las gracias y explicar que, a pesar de que la idea era bastante atractiva, no va con tus intereses y habilidades. Nadie te culpará por decir "no, gracias", pero lo harán si no respondes o los haces perder su tiempo. Cuando filtras aprendes sobre todo tipo de negocios, conoces a mucha gente nueva que podrá ayudarte a capitalizar aún más propuestas una vez que entiendan tus criterios. Así que mientras dejes pasar mucho de lo que ves sin gastar tiempo en los detalles, tus horizontes y tu red de contactos se amplían de modo natural.

Ya en el camino, te darás cuenta de que el proceso de filtración es bastante sencillo. Empezarás a reconocer patrones y a concentrar esfuerzos en los riesgos que se ajustan mejor a tu Plan 10%. Pero, Michael Mayes, a quien conociste en este mismo capítulo, sugiere que mientras buscas a tu inquilino ancla te ciñas a una sola y firme regla: escoge algo que no te asuste. Él cambia con habilidad entre su trabajo en el sector corporativo, poner en marcha sus propias empresas complementarias y comenzar su propia compañía. Mayers afirma que como emprendedor primerizo, ya trabajas fuera de tu zona de comodidad, así que escoge un área que entiendas para estar "cerca de casa" e integrarlo al resto de tu vida. Esto te asegurará saber lo que estás haciendo, tener el capital intelectual para ponerlo a trabajar y disfrutar la experiencia. En esencia, estarás aprovechando tus habilidades. Una vez que cumplas tus metas podrás ampliar tu foco de atención y expandirte a otras áreas de conocimiento relacionadas con la tuya.

Tener a Real Influence como mi inquilino ancla me ayudó a moverme rápido y con confianza cuando el proyecto de ipsy cayó en mi escritorio. Por el tiempo que trabajé con Marcelo, sabía que él estaba en la primera fila de una industria emergente y tenía el potencial de generar miles de millones de dólares. También fui consciente de que estaba muy comprometido y tenía las habilidades y relaciones para llevar a cabo un negocio de gran tamaño. Si bien era un proyecto que explotaría mis habilidades, mi trabajo no estaba hecho. Conocía bien a mi socio potencial y entendía la industria, pero no basaría mi decisión en la emoción o en mis agallas.

3. *Debidas diligencias*

Si una oportunidad pasa el proceso de filtración, empieza el trabajo de verdad: iniciarás las debidas diligencias. Incluyen el proceso de hacer tu tarea, ver debajo de todas las piedras y estar seguro de que no habrá sorpresas. Ésta es la parte del proceso de inversión en la que debes pensar como un inversionista de riesgo, que no sea un ñu, para analizar las verdaderas posibilidades de negocio.

Está bien sentir entusiasmo por un proyecto (y no debes continuar si no lo sientes), pero a pesar de ser necesario no es suficiente. Lo peor que puede hacer un emprendedor, desde 10 al 110% es enamorarse de una idea. Si lo haces, no formularás preguntas francas, no pensarás con la cabeza fría o no dirás no si no estás convencido con el negocio o el equipo. Antes que nada, tu meta como Emprendedor 10% es tomar decisiones inteligentes. La buena noticia es que la mayoría de las debidas diligencias se resumen en sentido común y atención al detalle. Debes evaluar la calidad del negocio, del equipo y de todos los componentes del proyecto. Asegúrate de que todo tenga sentido, de que el equipo no se intimide con preguntas directas y que el negocio esté apoyado en hechos y datos.

A lo largo de mi carrera invertí en más de veinte negocios y analicé muchos más. Estas empresas van desde *startup*s con base en Silicon Valley hasta empresas grandes y bien establecidas operando en Estados Unidos, Latinoamérica y Asia. Basta decir que realicé buena cantidad de debidas diligencias a través de los años. Aunque parece que varían de modo radical dependiendo del tipo de compañía, aprendí con sorpresa que es un proceso estándar. Esto es una buena noticia porque significa que aprenderás y mejorarás en el trayecto. No importa dónde se localice tu compañía ni lo que hace, o si está en ciclo de crecimiento, las debidas diligencias se reducen a algunas preguntas universales:

1. ¿Este negocio está posicionado para tener éxito y opera en una industria atractiva? ¿Los rendimientos de tu inversión van a compensar el riesgo?
2. ¿Tus socios, desde los inversionistas hasta los administradores, son competentes y éticos? ¿Está bien alineada la motivación de todas las partes?

Esos dos puntos son suficientes para la mayoría de los inversionistas, pero como Emprendedor 10% debes agregar más criterios a tu lista:

3. ¿Este negocio se ajusta a tu Plan 10% de modo que puedes contribuir de manera significativa a la compañía y hacer conexiones o ganar experiencia y capital intelectual para futuras iniciativas?

Es todo. Si puedes contestar cada una de las preguntas con una afirmación, entonces hiciste bien tu trabajo y seguiste tu proceso de inversión. Estás listo para convertirte en Ángel, Asesor o archivar tus artículos corporativos y ser un Fundador.

¿Pero cómo contestar estas preguntas? Todo se limita a hacer tu tarea. Reunirás datos, harás muchas preguntas de sondeo, a ti mismo también, y sintetizarás tus conclusiones con base en lo que aprendas. Jamás tendrás información perfecta y existirán algunas áreas grises, por eso debes ejercitar el pensamiento crítico a lo largo del proceso. También serás escéptico. Durante todas las debidas diligencias necesitas pensar y actuar de manera independiente, basado en tu propio análisis y evaluación. Aplicar rigor a tu modo de pensar te evitará la tentación de apresurarte, tomar el camino fácil o seguir a alguien más.

Es importante notar que tu trabajo varía dependiendo de tu rol. Si eres Ángel o Asesor, las debidas diligencias evaluarán si crees que el negocio de alguien tiene posibilidad de éxito. Por otro lado, si eres un Fundador, te enfocarás menos en evaluar el trabajo y potencial de otros y analizarás tus propias ideas. Validarás el mercado, el desarrollo de tu modelo de negocio y pondrás a prueba tu habilidad para sacar adelante una idea. Con el tiempo este análisis se convertirá en el eje de tu plan de negocios, un documento que preparas no sólo para ti, sino también para tus inversionistas y socios.

Sin importar el tipo de proyecto que analices, tienes que enfocar tu tiempo y atención en tres temas:

1. El negocio
2. Tus socios
3. Tu rol

1. El negocio

¿Este negocio está posicionado para tener éxito y opera
en una industria atractiva? ¿Los rendimientos de
tu inversión van a compensar el riesgo?

Todos los hechos son de ayuda y las debidas diligencias los revelan. Casi siempre, descubrí que mis peores inversiones fueron las que hice cuando no entendía por completo el negocio. Si sigues tu proceso de inversión, evitarás la tentación de involucrarte con esos proyectos. Durante la fase de filtración deshazte de todo lo que esté alejado de tu área de conocimiento para hacer las debidas diligencias. Ahora empieza tu trabajo. Durante las debidas diligencias unes todas las piezas del rompecabezas. Si usas tus habilidades conseguirás las primeras con cierta facilidad, lo que te permitirá tener una idea de la totalidad de la imagen y si ésta tiene sentido. También te ayudará saber a quién puedes llamar si necesitas un consejo, información o una segunda opinión. Con ipsy, pude analizar el negocio y ver la oportunidad desde una posición privilegiada. Entendía el modelo de negocio, conocía al CEO y creía en el mercado. Eso hizo que las debidas diligencias fueran mucho más fáciles, y también me permitió formular preguntas más inteligentes y evaluar mejor los riesgos y los rendimientos potenciales.

A continuación te presento las preguntas cruciales acerca del negocio que deberás hacer en esta etapa de las debidas diligencias.

Lista de debidas diligencias: el negocio

- ¿Quién va a dirigir el negocio? ¿Por qué estas personas tienen posibilidad de conseguir éxito?
- ¿Cuáles son los motores de éxito o fracaso para esta compañía? ¿Cómo generará dinero? ¿Quiénes son sus clientes?
- ¿Cuáles son las dinámicas de competencia en esta industria? ¿Cuál es el tamaño del mercado? ¿Cómo puede la compañía ganar y defender terreno en el mercado?
- ¿Cuáles son los riesgos clave? ¿Qué podría causar su fracaso? ¿Cómo sería este escenario?
- ¿Cómo será este negocio o industria dentro de tres o cinco años? ¿Cómo luciría el éxito?
- ¿Qué tipo de talento necesitará atraer la compañía para alcanzar el éxito?
- ¿La compañía protege de forma adecuada su propiedad intelectual, de ser necesario?
- ¿Cuál ha sido el desempeño financiero y operacional de la compañía hasta la fecha? ¿Qué tan viables son las proyecciones de crecimiento?
- ¿Cuánto capital requiere este negocio? ¿Cuáles son los recursos de capital?
- ¿Serás capaz de invertir más en este negocio en caso de tener éxito? ¿Se espera que inviertas más?
- ¿Cuál será tu inversión? ¿Qué se ofrecerá a cambio de tu inversión de tiempo, dinero o la combinación de ambas?
- ¿Cuál es la fecha límite para esta inversión? ¿Cuándo esperas ver rendimientos?
- ¿Cuáles son los rendimientos financieros potenciales para esta inversión en distintos escenarios?

- ¿Los fundadores u otros accionistas de la compañía verán ganancias antes que tú? ¿Los beneficios están distribuidos de manera justa entre fundadores, administradores e inversionistas?

Para llegar al fondo de estas preguntas debes confiar en tu propio conocimiento, el de tu red de contactos (hablaré de esto con más detalle en el siguiente capítulo) y en el clásico trabajo duro. Me gusta pensar que conducir las debidas diligencias es parecido a escribir un ensayo. Puedes echar mano de recursos infinitos, así que debes reunir información, ponerla en contexto y desarrollar tu propio punto de vista. De hecho, mucha gente escoge estructurar los resultados de sus comprobaciones con un formato o memo que colecte todas sus preguntas e ideas en un documento.

Debes organizarte porque aprenderás una gran operación durante las debidas diligencias. Mientras procedes te reunirás con miembros del equipo de administración, formularás preguntas para después trabajar y confirmar de modo independiente las áreas de duda que tenías antes. Toma notas, sintetiza tus ideas y lleva un registro de los datos que te gustaría ver mientras vas apuntando las preguntas que salen a la luz durante el aprendizaje.

Como puedes observar con los ejemplos de Emprendedores 10% en este libro, el éxito consiste en descubrir cómo responder las preguntas que tienes sobre un negocio. Con el fin de evaluar y validar el mercado, Gabe Haim de la Compañía Cervecera Oyster Bay pasó un fin de semana conduciendo por Long Island y estudiando la competencia. Dipali Patwa de Masala Baby participó en una expo de ropa para bebés. Todas las personas que has conocido (los chicos de la cervecería Monday Night, los de Silvercar, Luke Holden de Luke's Lobster y Diego Saez-Gil de Bluesmart) hicieron un memo o un plan de negocios que formulaba preguntas y después respondieron todo lo que necesitaban saber del negocio. Es un proceso que requiere invertir tiempo, puede tomarte desde unas cuantas semanas, algunos meses o más. Pero al final desarrollarás una visión del potencial del negocio y áreas de riesgo (mientras te preguntas cómo el negocio podría fracasar). Todo este conocimiento te hará un mejor y más informado inversionista y te permitirá contribuir una vez que cierres el trato.

Uno de los aspectos que más se disfrutan en las debidas diligencias es la oportunidad de conocer a gente nueva y salir al mundo. Puedes considerar cada reunión como una ocasión para conectar con la persona del otro lado del escritorio, aprender algo sobre su negocio y propiciar un ambiente de confianza básico del que pueden surgir relaciones productivas. También ver las debidas diligencias como una forma de salir del cubículo y observar el negocio en el mundo real. Si piensas invertir en un restaurante o en una tienda, ve y pasa algunas horas observando las idas y vueltas y las conversaciones de los clientes. Prueba los productos y experimenta las ofertas de la compañía por ti mismo. Hasta que manejes un Silvercar, vistas a tu bebé con una túnica de Masala Baby, viajes con una maleta Bluesmart o pruebes un *lobster roll* de Luke no habrás experimentado la alegría que conlleva el final de todo el trabajo duro.

Después de hacer la tarea, puedes evaluar si la oportunidad es atractiva comparada con los riesgos. Si financias una empresa incipiente cuyo riesgo de ejecución es alto, seguro crees que puedes obtener rendimientos atractivos, digamos cinco o diez veces mayores a tu inversión, incluso más si el negocio es exitoso. Ahora considera cómo te sentirías si invirtieras en un negocio de alto riesgo y obtuvieras a cambio sólo tu dinero más unos pequeños rendimientos, mientras fundadores se van con millones. Tomaste tantos riesgos pero los fundadores se quedaron con todos los beneficios. Por otro lado no podrías esperar un rendimiento diez veces mayor a tu dinero en una inversión más estable y de menor riesgo. Durante las debidas diligencias siéntate con los fundadores de la compañía para entender cuáles son los rendimientos para ti y para ellos. Si tú eres el Fundador, asegúrate de que el beneficio potencial justifique tu inversión de recursos. Puedes juzgar si los rendimientos son suficientes para el perfil de riesgo del negocio. Si lo es, puedes continuar y evaluar a tus socios.

2. Tus socios

¿Tus socios, desde los inversionistas hasta
los administradores, son competentes y éticos?
¿Está bien alineada la motivación
de todas las partes?

La probabilidad de éxito y, sobre todo, de que disfrutes la experiencia está directamente relacionada con el cuidado que tengas al seleccionar a tus socios. Por eso busca trabajar con gente que comparta tus objetivos y valores. Eso no es negociable. Deben ser personas que harán posible participar en un negocio de iniciativa empresarial mientras mantienes un trabajo fijo. Debes estar seguro de que ellos protegerán tus intereses como si fueran suyos, que respetarán tu rol en el negocio, que actuarán con el mayor nivel de integridad y generarán dinero para ti (y contigo).

Así como es necesario el entusiasmo por el negocio, también lo es por los socios. La iniciativa empresarial es muy gratificante cuando trabajas con gente que te inspira. Pero no es suficiente con disfrutar la presencia de un socio. Evaluarlo no significa sólo decidir si te gusta o no esa persona. El fracaso de la mayoría de los negocios se reduce a fallas de las personas, y mucha gente talentosa se equivoca. Si la compañía tiene una dirección débil o contrata a la combinación errónea de gente, existirán oportunidades ignoradas o errores de juicio.

Scott Foushee, uno de mis mentores en el negocio de las inversiones, siempre me dijo que un mal socio "es el regalo que sigue dando". Si cometes un error y escoges a la persona equivocada tendrás un regalo que no quieres recibir. Una decisión desafortunada no sólo condena la inversión, también pone tu reputación en riesgo. Recuerda, tu nombre está en el contrato de accionistas o en la lista de Asesores y puedes meterte en problemas por acciones de tus socios. Si existen conflictos, en especial con temas que involucren un error de juicio ético, quizá un día encuentres tu nombre al lado del de ellos en la primera plana de la sección de negocios. Como mi madre me dijo siempre: "Dime con quién andas y te diré quién eres." Por fortuna, lo contrario también es verdad. Si te rodeas de gente como Marcelo, Michelle y Nir, por quienes ipsy me emocionó tanto, aprenderás, te divertirás y compartirás la emoción de construir una compañía.

Así que, ¿cómo descubrir si trabajas con los socios correctos? Durante el proceso de filtración te deshiciste de los negocios si no conocías a las personas involucradas. Aun así, sólo porque conoces a alguien no significa que no debas cuestionarlo con rigor. Cuando evalúes a tus socios potenciales, sigue la lista que presento a continuación para asegurarte de que estás en el buen camino. Tus diligencias deben extenderse a los administradores clave, inversionistas y otros participantes de la compañía que serán tus socios.

Lista de debidas diligencias: tus socios

- ¿De qué manera significativa cada persona hará que el negocio avance? ¿Todas tienen lo necesario para alcanzar el éxito de modo individual?
- ¿Esta persona tuvo éxito con anterioridad en un negocio relevante o relacionado? ¿El equipo tiene un registro?
- ¿Esta persona comparte tu ética profesional?
- ¿Cuáles son las carencias del equipo?
- ¿Esta persona ha tenido conflictos con socios de trabajo o empleados?
- ¿Esta persona es abierta respecto a sus experiencias de éxito y fracaso?
- ¿Esta persona está dispuesta a aceptar consejos, retroalimentación y críticas?
- ¿Existe algún conflicto de interés?
- ¿Esta persona te mantendrá informado y bajo aviso de los avances importantes?
- ¿Esta persona valora tu contribución? ¿Responde el teléfono cuando le llamas?
- ¿Los fundadores de este negocio tienen "el alma puesta en juego"? ¿Hicieron una inversión de tiempo, dinero o ambas?
- ¿Los fundadores y administradores tienten la motivación correcta (tener una compañía propia) para mantenerse enfocados y comprometidos?

- ¿Quiénes son los otros Ángeles, Asesores e inversionistas en el negocio? ¿Por qué están involucrados y de qué manera ven la oportunidad? ¿La compañía atrajo "dinero inteligente"?

Con conocidos directos puedes confiar en las interacciones previas junto con las preguntas anteriores para estar seguro de que hiciste tu tarea. Cuando se trata de gente a la que no conoces, saca el Sherlock Holmes que llevas dentro. Además de hacer las preguntas anteriores, a mí me gusta usar LinkedIn y otras redes sociales de negocios para encontrar personas con conocimientos relevantes sobre el tema. Después hablo con ellas para asegurarme de que no tienen ningún secreto y confirmar la calidad del equipo.

La mayoría de la gente es muy sincera. Si respetan a un emprendedor y a un equipo, lo dirán con entusiasmo. Si han perdido dinero o los han engañado, harán lo posible para que no le pase a alguien más. En más de una ocasión encontré información por medio de un contacto mutuo que me convenció de renunciar a un trato. Si descubres que no estás seguro o no tienes una red de contactos fuerte para obtener la información que necesitas, también pide referencias. Si alguien no está dispuesto a darte una lista de referencias profesionales, es probable que no sea la persona que quieres como socio. Es una señal de alerta. Para corroborar, me aseguro de pasar un tiempo en google investigando al equipo. Te sorprenderá lo mucho que aprendes en línea, aunque confiar en Google no sea suficiente por sí mismo, es un buen ejercicio.

Encontrar a los socios adecuados requiere paciencia, pero el resultado puede cambiar el juego. Luke Holden sabía que necesitaba ayuda para abrir y manejar sus tiendas mientras mantenía su trabajo en finanzas. Como cualquier *millennial*, llevó su búsqueda a Craiglist y publicó un anuncio. Después navegó entre un compendio de seiscientos currículums y consideró sólo a diez candidatos antes de conocer a Ben Conniff. Ben tenía antecedentes en la industria de la comida y se entusiasmó por Luke's Lobster desde el primer día. Dieron un salto de fe y ni siquiera en el más loco de sus sueños se imaginaron que alcanzarían el éxito que consiguieron juntos.

Sin importar que tan inteligente o talentoso seas como Ángel o Fundador, nunca tendrás todos los recursos necesarios para cumplir tus objetivos. Siempre debes buscar la manera de llenar los huecos de conocimiento o habilidades. Tus socios representan una inversión a futuro: con el tiempo, mientras construyes una reputación y relaciones, la parte humana se vuelve más fácil. Cuando tienes un grupo de socios confiables, funcionarán como una fuente de nuevas ideas y oportunidades. Se convertirán en parte de tu maquinaria y te ayudarán a que todo funcione mejor. Cuando pienso en mi 10%, sé que las relaciones (más que otra cosa) hicieron que todo fuera posible.

3. Tu rol

¿Esta empresa se ajusta a tu Plan 10% para poder
(i) contribuir de manera significativa a la compañía y
(ii) hacer conexiones o ganar experiencia y capital
intelectual para futuras iniciativas?

En tu 10% estarás tan emocionado y comprometido con tu parte del negocio que quieres hacer todo en automático. Estás aquí porque quieres aprender, hacer nuevas conexiones y construir algo por ti mismo. Basta de observar desde la banca, ¡es hora de ponerte el uniforme y empezar a jugar!

No importa cuál es el rol que quieras tomar en el negocio, a mí por lo general me gusta hacer mucho más que sólo firmar cheques. Me emociono con las situaciones en las que puedo agregar valor. Cuando eres un Emprendedor 10% quieres saber qué consejos aportar, hacer conexiones, contribuir a resolver una de las docenas de retos que enfrentan las compañías día a día, para que tu trabajo haga más rentable a la compañía. Tus argumentos para esta aproximación deben estar basados en tres factores, cada uno guiado por el interés propio. Primero, si no puedes mover la aguja para incrementar las posibilidades de éxito de la empresa, es justo preguntarte si sabes lo suficiente sobre tu negocio. Segundo, si no puedes ayudar al equipo, ¿cómo generarás relaciones significativas que puedan llevarte a oportunidades futuras? Tercero, tomar un papel activo te permite construir un camino y una reputación. Si estás contento con ser un observador sólo invierte.

Antes de convertirte en Ángel o Asesor en una compañía, pasa tiempo con el equipo de administración para saber por qué quieren que seas parte de ella. Si deciden trabajar juntos, construirán una sociedad que durará años (de forma ideal). Por eso hay que entender lo que puedes aportar. ¿Necesitan ayuda con financiamiento, conexiones, consejos o una mezcla de todo esto? ¿Cuánto tiempo dedicarás a ayudarlos? Lo mismo aplica para los Fundadores y sus socios de negocios. Si vas a comenzar una nueva compañía con socios nuevos, entonces pasa tiempo con cada uno de ellos por separado para saber si están en la misma sintonía respecto a lo que cada uno aportará. Conozco a muchos emprendedores que les dieron gran parte de su compañía a socios que terminaron haciendo muy poco. Uno de estos socios ausentes vendió su parte por más de un millón de dólares sin hacer nada para merecer un día de paga.

Enfrentar estos problemas desde el principio es esencial para establecer las expectativas y clarificar de qué manera cada persona asume su papel futuro. Sin contar los productos, números y contratos, un negocio se reduce a la gente que lo conforma, y estas cuestiones pueden volverse personales. Puedes encontrarte hablando sobre temas, tal vez dinero, que son incómodos, incluso raros. En realidad, lo raro es bueno. Un poco de tensión te salvará de malos entendidos a largo plazo, y es mejor aprenderlo al principio (cuando tienes distintos puntos de vista) que cuando firmas un contrato. Además, debes formarte una idea de cómo se comportarán tus socios cuando las cosas sean reales. Como verás, los Fundadores pueden tener diferentes intereses y formas de pensar. Peter Barlow nunca consideró dejar su despacho jurídico por Silvercar, y sólo dos de los tres Fundadores de la cervecería Monday Night decidieron unirse a la compañía de tiempo completo. Aunque estas cuestiones son fáciles de manejar, no se deben ignorar en tu plan de crecimiento.[35]

Conocer al equipo de administración y discutir cómo sumar un valor tangible a la iniciativa hace que todo sea más significativo. Como Asesor, me gusta reunirme con el CEO y establecer una lista de expectativas para cada parte de manera periódica. Estas conversaciones me garantizan que uso mi tiempo para ayudar al equipo y de la misma forma me encargo de que el CEO y otros administradores clave usarán mi tiempo de manera sabia. Mientras más impacto tengas como Ángel o Asesor, mejor. Esto no sólo incrementará el valor de tus inversiones, sino que hará más profundas tus relaciones con la gente en tu 10%.

También te permitirá demostrarle tu valor al resto de la gente alrededor de la mesa. Idealmente, ellos serán tus socios en futuros proyectos. Mientras mayor sea tu impacto, más querrán trabajar contigo.

Fui inversionista en la primera compañía de Diego Saez-Gil: Wehostels. Cuando quiso venderla a un inversionista estratégico me habló para pedir consejo. Nos reunimos, estudiamos hojas de cálculo y analizamos los términos del trato y las implicaciones que la transacción tendría para inversionistas y administradores. Era la primera vez que Diego vendía una compañía, por lo que me alegró agregar a mi experiencia lidiar con situaciones de este tipo. Los desafíos de las negociaciones durante el proceso de venta nos permitieron conocernos mejor e hicimos un buen pacto de confianza en aquellas conversaciones. Después de vender la compañía, Diego nunca se olvidó del tiempo que pasamos juntos. Cuando se unió a Bluesmart como Emprendedor 110%, me ofreció la oportunidad de ser Ángel y Asesor desde el principio.

Lista de debidas diligencias: tu rol

- ¿Cómo se ajustan tus recursos a las necesidades de tu compañía ahora y en el futuro?
- ¿Tienes el capital intelectual y las relaciones que te permitirán contribuir de manera significativa al éxito de tu negocio?
- ¿El equipo de administración valora tus aportes e ideas? ¿Están comprometidos contigo y buscarán tu consejo?
- ¿Te sientes cómodo con el equipo? ¿Eres capaz de llevar a cabo conversaciones basadas en hechos y datos, en vez de emociones?

- ¿La compañía es receptiva ante tus peticiones? ¿Te dan información y responden tus preguntas en tiempo y forma?
- ¿Qué puedes aprender en este negocio que te haga un mejor Emprendedor 10%?
- ¿Podrás establecer relaciones que te ayudarán a aumentar tu 10%?
- Si eres un Asesor, ¿la compañía estableció objetivos y expectativas en relación con tu papel?
- Si eres un Fundador, ¿tus socios están listos para comprometerse? ¿Todas las partes están preparadas para firmar acuerdos según su grado de involucramiento y participación económica?

4. Decisión final

Después de completar las debidas diligencias estarás listo para decidir cómo quieres avanzar. En este punto tomarás la decisión final. Cuando las empresas de capital de riesgo toman decisiones de inversión, el comité de inversionistas se une para evaluar los beneficios y riesgos del trato. De acuerdo con la discusión, votan. Si no estás seguro o quieres una segunda opinión, puede ser de ayuda consultar con un amigo o familiar para expresar cualquier duda. Será como tener tu propio comité de inversionistas. Una vez que aclares tu mente, sigue adelante con tu decisión. Si estás satisfecho con los resultados de las debidas diligencias y crees que la oportunidad se ajusta a tu estrategia, es momento de decir sí. Si no cumple con todas tus expectativas, declina de manera amable. A veces, las mejores decisiones de inversión son cuando dices "no."

Siempre te asusta un poco tomar una decisión final, seguir adelante e invertir. Sobre todo cuando eres Ángel, ya que estás invirtiendo el dinero que te costó ganar. Cuando invertí en ipsy hice mis comprobaciones y pensé con cuidado acerca del equipo y mi grado de involucramiento en la compañía. Al seguir el proceso de inversión, adquirí suficiente información para tomar la decisión final. Pero, estaba nervioso. Al final, me di cuenta de que, ya que no tenía una bola de cristal, tendría que confiar en mis debidas diligencias. Si no me sentía cómodo invirtiendo en un negocio tan atractivo con personas que conocía, era probable que jamás invertiría en nada.

Cuando tomes la decisión final, debes volver a las preguntas que enmarcaron todo el proceso de las debidas diligencias.

Lista de decisión final

- ¿Este negocio está posicionado para tener éxito?
- ¿Conseguirás rendimientos atractivos por tu inversión?
- ¿Tus socios son éticos y competentes?
- ¿Está bien alineada la motivación de todas las partes?
- ¿Puedes contribuir de manera significativa al éxito de la empresa?
- ¿Puedes hacer las conexiones o desarrollar el capital intelectual que generará futuros beneficios?

Siempre ten en mente que éste es un proceso y aprenderás, mejorarás y cometerás algunos errores. Mientras adquieres experiencia, verás una gama más amplia de posibilidades y conocerás gente nueva. Aun si decides declinar, no sabes lo que pasará en el futuro. También los emprendedores aprenden. La persona cuya idea no es tan buena hoy, puede tener un negocio exitoso en el futuro. Así que si declinas, observa esta interacción como una oportunidad para estar en contacto más adelante. No hay razones para quemar los puentes. Déjale a cada socio potencial una impresión favorable de tu intelecto y ética (aunque no se asocien). Puedes hacerlo tomando decisiones rápidas y apegarte a ellas. No quieres jugar con nadie. Ellos están trabajando duro construyendo un negocio y cuentan con que respetes su tiempo. Además, actuar en tiempo y forma liberará tu capacidad y recursos para que puedas moverte al siguiente proyecto.

5. *Documentación*

Ya que los empresarios inteligentes siempre se aseguran de tener todo por escrito, una vez que decidas seguir adelante, es momento de pasar a la fase de documentación. Los documentos requeridos dependen de tu rol:

1. Si eres Ángel, necesitas firmar los contratos de compra de tus acciones en la compañía.
2. Si eres Asesor, negociarás y firmarás un acuerdo de Asesor en el que establezcas un mínimo de compromiso a cambio de acciones.
3. Si eres Fundador, documentarás los arreglos con tus inversionistas y socios.
4. Si eres Aficionado o Emprendedor 110% seguirás los mismos pasos que el Ángel, Asesor o Fundador, según la naturaleza de tu involucramiento.

De acuerdo con tu experiencia profesional, puedes sentirte cómodo lidiando con algunos tipos de discusiones, negociaciones
o documentos legales que serán parte de esta etapa del proceso
de inversión. Si no es así, no te preocupes. La parte legal de la
iniciativa empresarial es menos complicada de lo que puedas
imaginar o, como mucha gente, temer. Si no tienes mucha experiencia con contratos, la primera vez que leas un documento
legal puede ser un poco intimidante, pero con el tiempo te darás
cuenta de que muchos acuerdos usan formatos y terminolo-
gías similares.[36] También, como la mayoría de las pequeñas empresas no puede darse el lujo de contratar abogados, existe la
tendencia a simplificar y estandarizar los documentos legales
básicos requeridos en una transacción.[37] Dicho esto, tú y quizá
alguien de tu confianza, deberán leer con cuidado todos los documentos y externar cualquier duda.

Evita firmar si el negocio no es congruente con el contrato.
Hacer preguntas sobre la administración de la compañía, sus abogados o alguien más te ayudará a entender los términos. Es de
interés común asegurarse de que estés cómodo con todos los
acuerdos. Después de todo, los emprendedores quieren que sus
socios estén felices. Dicho esto, negociar hasta la muerte o ser
lento no le servirá de nada a nadie. La búsqueda de fondos para
ipsy involucró a un inversionista líder que negoció términos en
beneficio de todos los inversionistas implicados. Como yo era
uno menor se esperaba que aceptara estos términos también.
Después de leer los documentos y confirmar que reflejaban mi
entendimiento de la transacción, los firmé. Sería poco práctico
y caro para cada inversionista pequeño intentar negociar por
cuenta propia acuerdos diferentes.

Si estás muy preocupado o inseguro por cómo empezar, siempre puedes unirte a un grupo de inversionistas Ángeles. Como verás en el siguiente capítulo, invertir como parte de un grupo te dará la confianza y recursos necesarios para aprender y trabajar de modo independiente en el futuro. También considera trabajar con un consejero legal y un contador para tener asesoramiento en situaciones más complejas o cuando te sientas inseguro. Este frente de inversión puede evitarte dolores de cabeza más adelante. Muchas veces, los abogados están dispuestos a dar asesoría gratuita a amigos o a gente en sus redes de contactos con la idea de que en un futuro encontrarás la forma de presentarles algún cliente, como las compañías en tu 10 por ciento.

Cuando ya todo está dicho y hecho, el proceso de inversión es el eje de tu trabajo como Emprendedor 10%. También es la parte de tu Plan 10% que servirá como puente entre tus recursos y los de la gente en tus redes de contactos. Al aprovechar los talentos de otros, cada paso de tu proceso de inversión será más efectivo, desde la capitalización hasta la documentación. Como verás en el siguiente capítulo, las relaciones de trabajo harán que tus esfuerzos valgan más que las horas, el dinero o las ideas con las que puedas contribuir por tu cuenta.

CAPÍTULO 8
Forma tu equipo

Si quieres triunfar como Emprendedor 10%, no lo hagas solo. Como estás invirtiendo una porción de tu capital en proyectos empresariales de medio tiempo, necesitas colaborar con otras personas para que cada uno de tus activos cuente mucho más. Es ahí donde el trabajo en equipo entra en acción. Es el último paso para formular tu Plan 10%. Utilizarás tu red de contactos para rodearte de una comunidad que contribuirá y se beneficiará de todo lo que construyes. Como resultado, tu empresa tendrá muchas posibilidades de expandirse.

Rodearte de la gente correcta hace una diferencia en muchos lugares, pero en China, es crucial. William Bao Bean lo sabe. Es miembro del comité directivo de AngelVest, el grupo de inversionistas Ángeles más grande de China. Desde 2007, el grupo ha evaluado a más de mil compañías y respaldado a más de treinta. Cuando se trata de invertir en proyectos empresariales, quizá China se siente como el Viejo Oeste, pero si sabes lo que estás haciendo, abundan las oportunidades. Es ahí donde entra

AngelVest. Sus miembros son gente que pasa sus días trabajando en bienes raíces, mercadotecnia, finanzas, tecnología, cuidado de la salud, leyes y grandes compañías industriales. También son Emprendedores 10% que se juntan como Ángeles para hacer inversiones.

La belleza de unirte a un grupo de Ángeles (no importa si estás en Beijing, Berlín o Boston) es que te beneficias de la combinación de sabiduría y experiencia de individuos que tienen cosas en común y comparten tus objetivos. Incluso si nunca has invertido, puedes rodearte de inversionistas experimentados que te cobijarán bajo sus alas y te ayudarán a empezar. A cada paso del proceso de inversión, AngelVest está estructurado para emplear los talentos individuales para beneficio de todos. Los miembros exploran el país para conseguir las compañías nuevas más prometedoras y entonces colaboran para conducir las debidas diligencias y supervisar el proceso de inversión. Mientras las compañías son alentadas para aprender entre ellas. Los abogados dan consejos a la gente de mercadotecnia, los emprendedores tecnológicos aprenden sobre bienes raíces y todo el mundo se vuelve más inteligente y conectado.

Tener a la gente correcta a tu alrededor no sólo es fundamental cuando inviertes en China, también para emprender un negocio aquí. Gavin Newton-Tanzer es el fundador de Sunrise International Education, la cual organiza programas extracurriculares de inglés para más de 50 mil estudiantes. Al ofrecer educación extracurricular (como programas de debate en inglés) Gavin le ofrece a la siguiente generación de estudiantes chinos todas las habilidades de lenguaje y pensamiento crítico que necesitarán para estudiar en Occidente.

Como estadounidense de veintitantos años que empezó una compañía en una industria donde importan las canas, Gavin supo que necesitaba rodearse de mentes líderes que impulsaran su credibilidad en ambos lados del Pacífico. Decidió reclutar un grupo de Asesores, todos Emprendedores 10%, incluyendo académicos contundentes y ejecutivos muy conocidos en el ramo de la educación. Para atraer a la mejor gente posible, Gavin preparó una presentación fuerte. Estas personas eran gente ocupada con muchas otras prioridades, así que cuando se acercó a ellos en conferencias o por medio de contactos en común, les presentó una propuesta detallada de cómo planeaba trabajar juntos. Esta especificidad ayudó a que cada prospecto de Asesor entendiera cómo Sunrise ajustaba sus prioridades. Basado en los resultados, es claro que la presentación de Gavin fue convincente. Atrajo a un equipo de Asesores de la más alta calidad, incluyendo eruditos de Estados Unidos y China, un ejecutivo de la Asia Society de Nueva York y un ejecutivo senior retirado de Pearson, la compañía de educación más grande del mundo.

Tu equipo consiste en toda la gente de tu red de contactos con la que formarás relaciones de negocio a largo plazo. En ese sentido, reclutar un equipo involucra mucho más que la habilidad para establecer relaciones sociales. Se trata de reunir gente que apoye tu causa y se comprometa contigo. Estas relaciones serán el combustible para tu 10%. También harán que la experiencia sea divertida, gratificante y sostenible. Son una constante en tu vida y en tu carrera que forman un puente entre una oportunidad y la siguiente. Puedes confiar en estas personas porque comparten tu ética laboral y harán las cosas bien por ti (como tú por ellas). Incluso algunos se volverán grandes amigos. Este capítulo te mostrará como reunir y colaborar con un grupo que te ayudará en cada aspecto de tu 10%, desde la capitalización y las debidas diligencias hasta tomar un rol activo en las empresas de tu portafolio.

PARA ENCONTRAR LA RESPUESTA CORRECTA DEBES SABER DÓNDE BUSCAR

Cuando era niño, era un molinillo. Mi fórmula para el éxito académico dependía de una sola cosa: horas. Creía de manera firme que si estudiaba más que los demás y dedicaba más tiempo a mi preparación, siempre saldría bien. Esto funcionó por un tiempo. Pero cuando entré a la universidad las cosas se me fueron de las manos. Al venir de una preparatoria pública en Maine estaba aterrado de hacerlo mal y desperdiciar el dinero que mis padres habían ganado con tanto esfuerzo. Mi instinto me dijo: "Sobre-prepárate." Durante mi primer año, por alguna extraña razón, decidí que sería inteligente leer los capítulos de los libros que no estaban asignados (junto con los que sí). Fue el peor semestre porque desperdicié tiempo atiborrando mi cabeza con cosas que ni siquiera estaban en el plan de estudios.

No fue hasta que pasé mi penúltimo año de la carrera en el extranjero, en Argentina, que por fin me calmé. Los argentinos tienen un enfoque de estudio para los exámenes diferente por completo (diría que hasta socialista). Era como ir a la escuela en otro planeta, no sólo en otra parte del continente. He aquí cómo funciona: al final del semestre, quien haya tomado las mejores notas saca fotocopias para todos los demás. Así que, aunque tu calificación final depende de tu preparación, intelecto y desempeño en el día del examen, todo el material que necesitas revisar es de colaboración abierta y se comparte gratis. Si necesitas algo, sólo debes saber a quién preguntarle.

Mucho en los negocios consiste en conocer a la mejor persona para conseguir información y tomar decisiones razonadas. Aprovecha tu equipo y a las personas más inteligentes que encuentres para obtener los datos que necesitas, tomar una decisión y continuar. Cuando eres Emprendedor 10%, trabajar con inteligencia es tan importante como trabajar duro. No medirás el éxito por el número de horas que pases trabajando. No hay cosa mejor que hablar con alguien o las videollamadas (no obtendrás crédito o recompensa financiera por esforzarte sin parar por tu cuenta). Tu éxito corresponderá a qué tan efectivamente usas tu tiempo. Saber a quién llamar por ayuda, consejo, contactos o una segunda opinión hará que el tiempo cuente mucho más que las horas que pasas en un proyecto. En vez de reinventar la rueda, te beneficiarás de los años que alguien más pasó acumulando experiencia por sí mismo. Cuando te falte capital intelectual en cierta área, recurre a tu red de contactos para llenar los huecos. Fíjate en el diagrama de abajo del proceso de inversión 10% que vimos en el capítulo anterior. Aquí está actualizado para reflejar las maneras en que puedes utilizar los conocimientos y talentos de otras personas en cada paso:

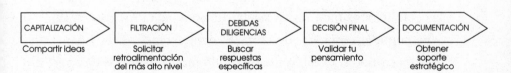

CAPITALIZACIÓN	FILTRACIÓN	DEBIDAS DILIGENCIAS	DECISIÓN FINAL	DOCUMENTACIÓN
Compartir ideas	Solicitar retroalimentación del más alto nivel	Buscar respuestas específicas	Validar tu pensamiento	Obtener soporte estratégico

Entonces, ¿cómo funciona todo esto en la práctica? Al igual que en un grupo como AngelVest, tu red de contactos es terreno fértil para capitalizarte. También puedes preguntar por ahí para tener una retroalimentación rápida durante la filtración y ver si una oportunidad cumple tus criterios básicos. Cuando pases a debidas diligencias, completarás tu propia tarea con la experiencia de otros para encontrar las piezas faltantes del rompecabezas y descubrir respuestas específicas a las preguntas. Cuando tomes la decisión final, pide el consejo de gente dispuesta a servir en tu comisión *ad hoc* de inversión y controlar tus reacciones de vez en cuando. Al final, si necesitas ayuda legal o en algún otro aspecto técnico de documentación, llamar a un experto puede ser crucial para ahorrar tiempo y tomar la decisión más sabia. Todos estos pasos juntos son buenos para construir tu equipo.

Como puedes ver, el proceso de inversión es mucho más que buscar de manera mecánica la información que necesitas para tomar decisiones inteligentes. Tu portafolio de actividades se beneficiará mucho cuando construyas un equipo y cultives relaciones benéficas de manera recíproca. Todo lo que hagas será más fuerte y funcionará mejor al traer a la gente correcta. También crearás una fuente de capital intelectual, oportunidades, ideas, ayuda y socios futuros. Es un proyecto a largo plazo y cuando tengas a las personas adecuadas a tu alrededor, encontrarás cómo contribuyan y participen en tu éxito. En esta forma, aconsejar y ayudar en definitiva se vuelve una calle de doble sentido. Busca maneras de ayudar a otros como ellos te ayudaron a ti, así creas las condiciones para un círculo virtuoso. Cada proyecto en tu 10% también será parte del 10% de alguien más.

Tu equipo será diferente de modo radical de otros con los que has trabajado en el pasado. No hay una alineación, ni un jefe establecido. Trabajarán juntos con gran flexibilidad y con la idea de generar una serie de oportunidades para cooperar, ahora y en el futuro. No se trata de ganar puntos rápidos o hacer un dólar de inmediato, se trata de armarte de recursos necesarios para desarrollar el éxito. También significa crear una comunidad de gente que trabajará contigo y con los demás. Como resultado, tu red de contactos no será como el modelo *hub and spoke,* que hace que todo gire a tu alrededor. Más bien, tu meta es empatar gente que tiene cosas en común para colaborar contigo y hasta sin ti. En este sentido, tu equipo será multipolar. A diferencia de una red de contactos *hub and spoke,* generar acuerdos o compartir capital intelectual no dependerá de ti de manera directa.

Una de las fortalezas de tu equipo será la forma en que todos los jugadores trabajan juntos. Mientras más conectividad construyas entre la gente en tu red de contactos, mejor. Conforme vinculas gente con intereses comunes, descubrirás que las cosas empiezan a tomar vida propia. Las dos personas que presentaste la semana pasada pueden terminar volviéndose socios de negocios en un mes. Si ellos deciden trabajar juntos, hay muy buenas posibilidades de una invitación a unírteles. De esta manera, tu red está trabajando incluso cuando no estés presente.

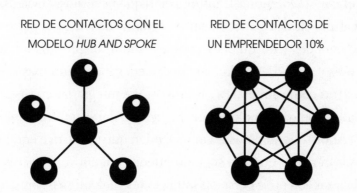

RED DE CONTACTOS CON EL MODELO *HUB AND SPOKE*

RED DE CONTACTOS DE UN EMPRENDEDOR 10%

Cuando presenté por primera vez a Marcelo Camberos con Nir Liberboim, lo hice en el contexto de Real Influence. Marcelo buscaba asesoría para presentar a las compañías de cosméticos y Nir era experto en el sector. En esa época, no había forma inmediata para que ellos trabajaran juntos, pero Nir fue útil y respetuoso con sus ideas. En ese momento, no podía saberlo, pero su disposición a ayudar fue el boleto de entrada a una fantástica inversión. Basado en esas interacciones iniciales, Marcelo le ofreció la oportunidad de convertirse en uno de los primeros inversionistas en ipsy. Imagina si Nir no se hubiera molestado en responder cuando se lo presenté. Habría sido un error costoso.

Claro, esto significa que los Emprendedores 10% no pueden ser sólo tomadores de llamadas. Si quieres que la gente inteligente conteste el teléfono cada vez que llamas, necesitas hacer que valga la pena para ellos. No es un asunto de karma, se trata de pensar a largo plazo. Tal vez pidas ayuda hoy, pero estarás propenso a darla mañana. Involucrarte con gente que puede ayudarte no requiere que les pidas mucho tiempo, a menos en las etapas iniciales. Le mandarás algunos materiales básicos a alguien que conoce la industria o el equipo y luego le pedirás retroalimentación en el ramo. Obtendrás la información que necesitas, enviarás un email amable de agradecimiento y seguirás adelante. Las personas que conoces y en quienes confías estarán dispuestas a hacer favores para ti. Pero a largo plazo, puedes lograr aún más si encuentras cómo atraerlas a tus proyectos e integrarlas en tus actividades como otro polo conectado dentro del sistema completo.

Ahora que ya piensas como alguien que construye equipos, te sorprenderá qué tan seguido puedes encontrar maneras de colaborar con otras personas inteligentes y talentosas. Entre más personas reclutes a tu movimiento, mejor. Con el tiempo, las cosas empezarán a bullir y serás parte de un círculo vivo, que respira, de gente que trabaja en proyectos emocionantes. Cuando construyes esta máquina y funciona, eres capaz de escoger cuándo, dónde y a quién quieres involucrar. Tu carrera profesional reflexionará los diversos talentos de la gente en tu equipo y cosecharás los beneficios de sus respectivos esfuerzos, a veces de manera inesperada. Aquí es cuando empieza lo divertido. Cuando tu máquina es multipolar, no sólo depende de ti para que las cosas pasen. Te sorprenderás por los efectos de la red de contactos en todo el trabajo que haces y tal vez descubras que te conviertes en un beneficiario inesperado.

Hace algunos años, le presenté un nuevo conocido a mi amiga Suken Shah, quien empezaba un fondo de inversiones. No estaba muy seguro de cómo podrían trabajar juntos, pero mi instinto me decía que encontrarían algunas áreas de interés común. Sin saberlo, se reunieron unas semanas después en Dunkin' Donuts, en lo que sería el primer paso para formar una sociedad hecha y derecha. Un año después, recibí un email de Suken con detalles de la compañía que decidieron comprar. Al principio del correo, junto a un agradecimiento, estaban los detalles sobre las participaciones en la compañía que me darían en reconocimiento por haberlos presentado. Cuando recibi el email, advertí que mi 10% había cobrado vida por su cuenta. Incluso sin mi conocimiento, mi máquina estaba trabajando horas extra.

HAZ TU NOMBRE LA MARCA MÁS IMPORTANTE EN TU TARJETA DE PRESENTACIÓN

Antes de empezar a reunir a tu equipo y construir tu máquina, debes organizarte. Llamarás a mucha gente, así que, para hacer buen uso del tiempo de los demás, debes explicar con claridad quién eres y a dónde vas. En el capítulo 6, escribiste una biografía profesional. En ese momento tal vez no notaste que conducías las debidas diligencias de ti mismo. Estabas atando cabos y tratando de juntar todo en tu carrera de una forma cohesiva y comprensible. Ahora puedes tomar este ejercicio para el siguiente nivel y pensar qué significa para tu marca y tu oferta.

Recordarás que cuando empecé mi 10%, hice un trabajo horrible al explicarme. Antes de elaborar mi historia en orden, me incliné por una lista dispersa de actividades y aspiraciones que confundían a todos, incluso amí. A través de la experiencia, aprendí que la imagen que proyectas al mundo es como la gente te verá. Por eso necesitas una presentación: sólida y profesional. Si puedes explicar tu experiencia y lo que buscas hacer en unos cuantos enunciados, aclararás la confusión y proyectarás confianza, seguridad, credibilidad y un objetivo a la gente que te rodea. Regresemos a Gavin Newton-Tanzer, el joven emprendedor estadounidense que opera en China. Es claro que memorizó sus presentaciones. Preparó mensajes personalizados para cada asesor potencial que resaltaban cómo sentía que la persona impactaría en el éxito de su compañía. Esto fue resultado de investigación, reflexión y mucha práctica.

Crear tu presentación requerirá algo de dedicación previa. Imagina que conoces a alguien en un *networking* y te pregunta en qué trabajas. Es tu oportunidad de decirle que eres Emprendedor 10%, así que no la pierdas. La buena noticia es que gracias al trabajo que hiciste en el capítulo 6 ya tienes todos los componentes básicos que necesitas. La idea es darle a la gente algo que los atrape (tal vez lo que haces en tu trabajo fijo) y luego construir un puente hacia lo que tratas de conseguir. Con algo de preparación, será breve de manera sorprendente. Por ejemplo, la presentación de Patrick Linnennank puede resumirse en unos cuantos enunciados:

Soy Patrick. Empecé mi carrera como doctor, pero pronto decidí que quería moverme al mundo de los negocios. Trabajo como consultor de dirección y al mismo tiempo utilizo mi experiencia médica para entrenar personas en ciencias forenses, en especial en zonas de conflicto. Me interesé en la seguridad de estas áreas, por eso decidí reunir todo para formar una compañía de seguridad y medicina forense. Ahora busco crecer en nuevas regiones.

Claro, también pudo decir: "Mi nombre es Bond. James Bond." Pero entonces nunca sabrás que solía ser un consultor.

El Plan 10%: ejercicio 5
Crea tu presentación

Regresemos a la versión corta de la biografía que hiciste en el capítulo 6. Úsala como base para desarrollar una presentación. Sólo necesitas unos cuantos enunciados, pero deberán incluir la siguiente información:

• Nombre
• Qué "haces"
• Por qué eres confiable en esta área (por ejemplo tu experiencia actual o anterior)
• Qué quieres lograr en tu 10%

La idea es explicar qué haces en tu trabajo fijo, dar algo de color a tu 10% y tal vez mencionar algunas áreas específicas en las que necesitas ayuda. Recuerda, das un resumen de alto nivel para invitar a una futura conversación.

Cuando ya tengas tu presentación, piensa en cómo ajustarla para diferentes audiencias, por ejemplo: socios de negocios potenciales, un amigo, alguien que tal vez te muestre oportunidades de inversión o una compañía a la que te gustaría unirte como Asesor. La clave para personalizar la presentación es descubrir la "petición" relevante para cada audiencia. Por ejemplo, si eres Ángel, dirás: "Busco invertir en compañías con alto potencial." Si quieres ser Asesor será mejor: "Quiero aplicar mi conocimiento y relaciones." Si buscas un socio, también puedes ajustar la "petición". Sigue adelante y sé directo. Con una presentación de calidad, tendrás suficiente impulso para un enfoque directo.

Al hacer tu presentación, experimenta diferentes maneras de integrar todas las cosas que enlistaste en tu currículum. Esto incluye universidad, jefes pasados o presentes, nombres de las empresas de tu 10%, etcétera. Para alguien como Hillyer Jennings de Wrist Tunes, el link entre su 10% y su alma mater es primordial para la historia, pero quizá para alguien más no sea tan importante. Ajusta estos factores a tu audiencia, la situación y lo que encuentres útil. Al hacerlo, descubrirás que uno de los beneficios de desarrollar una presentación a la medida y aprender a explicarte es que, por lo general, la persona quiere saber más. Cuando tu respuesta a la pregunta "¿en qué trabajas?" es mayor a una o dos palabras, la gente se queda intrigada. Si eres claro y seguro, descubrirás que pronto entrarás en detalles. Es el primer paso para encontrar personas que tienen cosas en común cuando empieces tu red de contactos.

Una vez que tengas tu presentación bien armada, practica hasta que proyectes confianza y claridad. También hazlo con amigos o mentores que pueden darte retroalimentación.

RECLUTA GENTE PARA
TU EQUIPO

Mucha gente asegura que la red de contactos es el elemento número uno del éxito, pero es impresionante cuánto tiempo requiere. Como adicto recuperado al *networking*, aprendí la lección de la manera difícil. Pasé incontables horas en el café, la comida, una copa, todo en nombre de hacer contactos. Es mi culpa, porque me gusta conocer gente nueva y creo que todas y cada una de las interacciones me enseña algo. Pero desperdicié mucho tiempo y energía en el proceso.

Nadie nos enseña cómo crear contactos. Aprendemos poco a poco, con el tiempo, empezando en el patio de juegos y avanzamos hacia las reuniones de profesionales. Rara vez consideramos si todo ese ir y venir de un lado para otro (pláticas de café, reuniones rápidas y conferencias enfocadas a cierta industria) realmente sirve para algo. En general, hay demasiado *networking* y poco que mostrar de él. Conocer a tanta gente como te sea posible parece razonable cuando empiezas tu carrera o cuando estás en transición, pero es insostenible por completo cuando haces malabares para cumplir todas las responsabilidades que requieren tu tiempo. ¿Para qué coleccionar tarjetas de presentación si no saldrá nada de ellas?

Si construyes una conexión, buscas al inquilino ancla o inversionistas para un proyecto, el *networking* será parte importante de reunir el equipo de gente que te ayudará a lograr las cosas. Aunque es atractivo conocer gente de manera táctica y lanzarte en múltiples direcciones en busca de un trato, te beneficiarás mucho más si piensas de manera sistemática. Al acercarte a este ejercicio con rigor, descubrirás que los rendimientos en tu inversión de tiempo y energía crecen.

Empieza con la red de contactos que ya tienes. La primera parada serán tu familia y amigos. Son la gente que más se preocupa por ti, te cuidan, confías en ellos y siempre estarán dispuestos a ayudarte. Siguiente parada: revisar tu libreta de direcciones y pasar un tiempo en LinkedIn y otras plataformas de redes sociales. Luego, regresa a la biografía profesional que preparaste y léela con el objetivo de crear una lista de colegas actuales o anteriores, contactos de negocios o compañeros de escuela que podrían ser útiles. Registra a cualquiera conectado a tu red que haga algo emocionante o interesante para ti. ¿Para qué te esfuerzas demasiado en conocer gente nueva si puedes encontrar lo que buscas entre conocidos? Después de todo, ellos serán los que más respondan a tu presentación.

A través de reuniones, llamadas telefónicas o hasta socializar en una fiesta (cumpleaños, carne asada, etcétera) activa tu red de contactos y genera oportunidades. Entre más integres estas conversaciones al resto de tu vida, mejor. Durante cada una de ellas, pide consejo y que te presenten a otras personas. De esta manera tu base de datos creciente estará conectada a la gente que conoces y en quien confías. Mantén un registro de las conversaciones, ideas y sugerencias que surjan de tus interacciones, señálalas con notas y dales seguimiento de vez en cuando. No olvides que esto no es una tarea egoísta. Pregunta cómo ayudar en agradecimiento y empieza a construir tu máquina.

Si no puedes encontrar los contactos correctos a través de la gente que conoces y necesitas comunicarte con personas fuera de tu red… entrarás al mundo de las ventas por teléfono. Esto incluye acercarse a un conferencista, ponerse en contacto con un grupo de inversionistas Ángeles, contactar a la aceleradora de negocios de la universidad local o llamar a alguien que leíste en un artículo del periódico. De hecho, el *telemarketing* puede dar resultados sorprendentes, depende de la industria y del contexto. Los emprendedores son un grupo en especial abierto porque la mayoría sabe lo que es buscar ayuda en los demás. Esta empatía significa que tienden a ser más receptivos. Si te acercas a alguien con quien compartes alguna característica (geográfica, universitaria o profesional), muchas veces las oportunidades de una respuesta son mejores. Incluso en ausencia de esos vínculos, un mensaje bien construido y seguimiento son claves para tener una contestación. Por lo general me doy tiempo de conocer a la gente que me envía algo convincente y es tenaz.

No importa si vendes por teléfono o reconectándote con antiguos amigos o colegas, hay reglas de etiqueta básicas y sentido común que aplicar. Mucha gente recibe docenas, si no es que cientos de emails al día, y no quieren leer una nota que no tenga sentido, contenido, ni valor (lo que yo llamo "email sin calorías"). Cuando redactes el borrador de cualquier correo, llamada o lo que sea, sigue las siguientes reglas generales:

- Usa tu email personal
- Sé cordial y breve
- Personaliza el texto
- Nunca envíes un modelo de carta o machote
- Resalta cualquier punto de interés o contactos mutuos
- Haz una solicitud específica (nadie quiere leer un mensaje eterno para buscar tu "petición")
- En agradecimiento, ofrece ayuda en lo que se necesite
- Siempre di por favor y gracias

- Da seguimiento a los asuntos pendientes
- Responde pronto (cuando te escriben)
- Permanece en contacto y comparte noticias o desarrollos futuros

Cuando inicias contacto, si no tienes respuesta en una semana, inténtalo de nuevo o llama por teléfono. Mucha gente ocupada nunca contesta el primer email. Responden a la persistencia, más que a la cortesía. Claro, la línea entre pedir ayuda y ser una lata puede ser borrosa al calor del momento. Si alguien no te responde después de varios intentos, muévete a la siguiente persona. Tal vez está demasiado ocupado para ayudarte o no le interesa. De cualquier manera no quiere estar en tu equipo. También, en el futuro, cuando consideres rechazar a alguien de manera similar, piénsalo un momento.

Muchas veces, el éxito en estos esfuerzos es resultado directo de ser cortés cuando pides ayuda. Si buscas un favor, solicítalo de manera que represente tan poca carga como sea posible para la persona a la que se lo pides. Entre más fácil se lo pongas, es más probable que lo haga de manera oportuna. Por ejemplo, si quieres que te presente a alguno de sus contactos, escribe un email breve que dé algo de contexto e incluya cualquier contenido relevante. Recurre a tu presentación para dejar claro que es de negocios. Cuando asegures su colaboración, envía un mensaje claro y separado para cada persona que quieras conocer. Pónselo tan fácil como sea posible para que reenvíe tu nota junto con algún comentario adicional. También, si quieres presentar o contactar a dos personas que tengan intereses en común, siempre pregunta antes de hacerlo. Hacer presentaciones en frio puede arruinar la buena voluntad de alguien y hacer más daño que una lluvia de emails sin calorías.

Tus esfuerzos tardarán en florecer y conducir a un resultado tangible. Estás construyendo una máquina, así que entre más energía inviertas para hacerla viable, funcionará mejor. Esto incluye pasar algo de tiempo organizándote. Por ejemplo, puedes armar una base de datos que te permita mantener un registro de todos tus contactos e interacciones con la gente en tu 10%. Requerirá una inversión de tiempo, pero se convertirá en una herramienta valiosa que apoyará todos tus esfuerzos. Un método sistemático te hará más eficiente y mantendrá tu máquina trabajando. Cada semana, Peter Barlow de Silvercar envía emails cortos a cinco personas de su red para estar en contacto. Sigue su sistema de manera religiosa y mantiene sus relaciones frescas.

Networking busca proyectarte. Si no estás seguro de dónde comenzar y tienes tu presentación lista, vale la pena dedicar un tiempo a *networking* (conoces a varias personas afines en cuestión de horas). En especial porque muchos se enfocan en intereses profesionales específicos. Hay más de 200 000 grupos de encuentro con más de 22 millones de miembros que operan en 180 países atendiendo cualquier tema que te imagines.[38] Esto sólo representa una fracción de los sucesos de *networking* formales o informales que puedes encontrar en tu comunidad. También tendrás oportunidades para hacer tu presentación en la cotidianidad si estás preparado para el esfuerzo. Ya sea que estés en una cena, en el partido de futbol de tus hijos o en la reunión de ex alumnos, es posible conectar con gente útil. Además, evitará que tengas pequeñas conversaciones sobre el clima y en su lugar converses sobre algo más sustancial. Incluso puedes plantar algunas semillas.

El Plan 10%: ejercicio 6
Forma tu equipo

Crea una base de datos con toda la gente que te puede ayudar y unirse a tu equipo. Para hacerlo, inspírate en los siguientes recursos:

- Tu familia y amigos
- La agenda de tu teléfono y de tu cuenta de email
- Tu biografía profesional
- Redes sociales como LinkedIn
- Tu grupo social
- Las tarjetas de presentación reunidas
- Redes de ex alumnos
- Redes de profesionales
- Redes de inversionistas Ángeles

Copia o traslada todos estos contactos a una base de datos u hoja de cálculo. Clasifica por relevancia y da prioridad a los contactos individuales que puedan ayudarte con tu 10%. Establece una meta para hablar con un número mínimo de personas a la semana, ya sea en persona o por teléfono. Toma notas de todas las discusiones o interacciones y marca los contactos para dar un seguimiento apropiado. Usa esta base de datos de manera regular para mantener tu red de contactos actualizada y organizada. Considera agregar detalles específicos conforme aprendas más sobre tus contactos y sus actividades actuales. Incluye información como áreas de experiencia, ubicación y enfoque de la industria. Conforme conozcas gente nueva en otros aspectos de tu vida o contactos individuales para tu 10% a través de ventas por teléfono, agrégalos, anota cómo podrían colaborar y marca cualquier seguimiento.

ENCUENTRA RESPUESTAS ESPECÍFICAS PARA PREGUNTAS ESPECÍFICAS

El poder de tu red de contactos no se reduce a reclutar miembros de un equipo. También se extiende a las debidas diligencias y a las presentaciones que hacen los proyectos más exitosos. Quieres estar seguro de lo que sabes y consciente de lo que no. No temas preguntar: la interrogación no planteada puede ser la diferencia entre una buena decisión y un error. Todos los hechos son aliados y los datos triunfan sobre el ego, así que no busques confirmación. Más bien tu objetivo es evaluar las oportunidades que hacen valer tu tiempo y recursos. Entonces determinarás cómo integrarlas al resto de tu vida y carrera profesional. Cuando enfrentes preguntas sin respuesta, emplearás las mismas estrategias que usaste para capitalizarte, pero ahora para construir un equipo de gente con experiencia útil.

En este punto buscas respuestas específicas a preguntas específicas. Lo harás al acceder al capital intelectual de la gente que tiene más experiencia que tú en determinada área. Aprovecharás su juicio en negocios para recabar información y evaluar los descubrimientos de tu investigación, pero necesitarás el consejo de gente que está en mejor posición que tú para decidir. Por ejemplo, si quieres entender el mercado de mariscos en Manhattan, habla con Luke Holden. Si necesitas descubrir cómo ven los inversores el negocio minorista, entonces busca alguien como Farah Khan. Ninguno de estos temas es inescrutable, pero es mejor localizar gente que provea información, consejo y perspectiva mientras conduces las debidas diligencias.

Durante estas comprobaciones, utilizas todo el capital intelectual y conocimiento que reside en tu red de contactos. Ahora que ya empezaste a juntar tu equipo, querrás recurrir a la sabiduría colectiva de todos esos expertos porque tienen percepciones y habilidades que tú no. Una buena llamada telefónica o un café con algún especialista pueden ahorrarte tiempo, ubicarte en la dirección correcta o impedir que te metas en un problema. Todo lo que aprendas te ayudará a hacer la pregunta correcta y analizar con detalle la lógica de negocio de una oportunidad. Al mismo tiempo te equipará con las herramientas que necesitas para entender mejor el mercado, el producto y las probabilidades de éxito. Claro, estarás consciente de desarrollar tus propias opiniones, mantener un alto nivel de escepticismo, y por lo general, evitar ser un ñu, pero serás mucho más sabio por todas estas conversaciones.

También busca personas con talentos particulares que te ayuden después, cuando te involucres de manera formal en un negocio, ya sea como Asesor, Ángel o Fundador. Ahora que eres socio en un nuevo proyecto, empieza el verdadero trabajo, por eso saber a quién llamar es crucial cuando buscas habilidades y conocimientos específicos. Incluso si construyes una red de contactos para capitalizarte y hacer las debidas diligencias, usa esa misma comunidad para encontrar personas talentosas capaces de involucrarse en proyectos de tiempo completo, de medio tiempo o flexibles. Desarrollar un negocio necesita todo tipo de personas así que saber dónde encontrar a la indicada en un momento dado te hace invaluable. Además, puedes incluir una red de colaboradores *free lance,* personas retiradas o semirretiradas, padres de familia que se quedan en casa, estudiantes o individuos con empleos y/o buscando trabajo. Son las personas que se ensuciarán las manos para hacer más exitosa cada una de tus inversiones. También pueden resultar muy valiosos para las empresas incipientes que quieren controlar costos. Si tienes un equipo SWAT o gente especializada a tu disposición, serás muy solicitado.

Hace algunos años, en un *networking* conocí a Thomas Quarre, un diseñador de productos e interfaces de uso fácil. Cuando se presentó, me di cuenta de que no conocía a nadie que diseñara aplicaciones de celular y nuestra conversación se me quedó grabada. Se aseguró de seguir en contacto, escribiéndome cada dos meses y siempre preguntando cómo podía ayudarme. Cuando un amigo me preguntó si conocía a algún especialista en diseño de interfaces, ya sabía a quién llamar. No podía opinar sobre su trabajo, por eso sugerí que se conocieran para revisar su portafolio y ver si había química. Sí hubo, así que trabajaron juntos. Meses después, cuando recibí una petición similar, volví a recomendar a Thomas, esta vez basado en sus contribuciones a la compañía de mi amigo. Desde entonces ha colaborado con mucha gente de mi red. Aprecio que siempre se acuerda de preguntar de qué forma puede ayudar para agradecerme. Entiende de manera innata que trabajar conmigo y la gente en mi red es una calle de doble sentido. Como Ángel, Asesor o sólo parte de una red de gente con intereses en común, estoy listo para recomendarlo. Al hacerlo, no sólo ayudo a un diseñador talentoso, también agrego valor a las compañías en mi portafolio y profundizo las relaciones con mis socios y la gente de mi equipo.

AUMENTA TU CREDIBILIDAD
Y DOMINA LA INEVITABLE
PRUEBA DE GOOGLE

Jamás te atreverías a caminar en un *networking* usando sólo ropa interior, ¿o sí? Bueno, igual asegúrate de estar equipado de manera apropiada cuando se trata de lo que ocurre en internet. Incrementa la probabilidad de hacer conexiones impactantes al mejorar tu credibilidad en internet. Esto significa que (mínimo) debes tener una página actualizada en LinkedIn que incluya todas tus credenciales, documentos o acreditaciones. Tu perfil se basará en el trabajo que hiciste para redactar una biografía coherente que provee contexto para tu experiencia y tus ambiciones. Pero siempre es sabio dejar que tus logros hablen por sí mismos. Por alguna razón, la gente se llena de exageraciones en internet. Describirse como "emprendedor visionario" (una de las favoritas) está bien si eres Bill Gates u Oprah, pero es un poco agresivo para el otro 99.99 por ciento de la población. Más bien deja que tu experiencia y biografía hablen por sí solas. Cuando las estructuras de manera correcta, la gente te tomará más en serio y el mensaje se manifestará con naturalidad.

Si planeas desarrollar una marca fuerte como parte de tu 10%, da el siguiente paso al forjar un sitio en internet por ti mismo. Por lo general, la gente tiende a tomar lo que lee al pie de la letra, así que es una forma súper efectiva de fortalecer tu credibilidad en un ámbito determinado. Tu objetivo es simple: cuando alguien *googlee* tu nombre, surgirás como una autoridad en el área. Ésa es la prueba de Google. Ya sea que empieces un blog, redactes publicaciones enfocadas en la industria, escribas en Twiter, hables en conferencias o hasta aparezcas en televisión, todas estas actividades construyen credibilidad, mejoran tu marca y convencen a la gente de que vale la pena darse un tiempo para conocerte.

La verdad, era bastante escéptico con esta estrategia hasta que la probé. Cuando *googleaba* mi nombre de vez en cuando (admítelo, tú también lo haces), encontraba todo tipo de información sobre Patrick McGinnis, el antiguo CEO de Nestlé Purina, pero muy poco sobre mí. Después, decidí hacer que mi nombre fuera la marca más importante de mi tarjeta de presentación y promover mi presencia en línea.

El primer paso fue un blog personal. Empecé redactando temas que sacaban partido a mis fortalezas. Después envié unas muestras de mis escritos al *Huffington Post*. Fue una "venta por teléfono", pero funcionó y me invitaron a escribir en la plataforma. También establecí una página web con mi biografía usando una herramienta en línea gratis y empecé a redactar en otras publicaciones importantes para mis intereses. Desde entonces, cuando hago *telemarketing*, tengo la opción de incluir un link a un post relevante o a mi biografía. Descubrí que la tasa de respuestas de solicitudes por email aumentó de manera notable. Si me googleas ahora, encontrarás una buena serie de links a varios recursos que (todos juntos) te dicen mucho sobre mí. Al parecer, Patrick McGinnis de Purina ya no es el único con ese nombre en este pueblo.

Tu deseo de declarar en público sobre un tema particular, dependerá de tu nivel de comodidad para promocionar tu 10%. Tal vez quieras mantener tu presencia en línea independiente de tu 10%. También, puede ser que como regla general prefieras mantener un perfil bajo en internet. De todas formas, hay algunas medidas básicas para aumentar tu credibilidad cuando te presentes ante otros. Con una pequeña inversión de tiempo y dinero, puedes comprar un dominio, establecer un email "corporativo", mandar a hacer tarjetas de presentación y hasta sacar una convocatoria abierta para un logo. Muchos de estos recursos son gratis o económicos, pero harán diferencia. Dado que estas opciones son sencillas de usar, siempre me sorprendo cuando alguien me da una tarjeta de presentación endeble con una dirección de Hotmail impresa en la parte de abajo. ¿Por qué presentarte como amateur cuando es tan fácil y barato mejorar tu juego?

TU REPUTACIÓN ES TU ACTIVO MÁS IMPORTANTE

Incluso si tienes buenas tarjetas de presentación y un logo bonito, tu reputación triunfa sobre todo. La gente eligió trabajar contigo basada en tus antecedentes y la calidad de tus referencias. Ambas consideraciones son esenciales para construir un equipo y forjar sociedades a largo plazo. Si nadie quiere trabajar contigo o tu integridad es cuestionable, cierras la puerta y limitas tus opciones. La memoria y los recuerdos, como las carreras profesionales, son largos. Nuestro mundo, cada vez más conectado, se va haciendo pequeño. Por eso, las decisiones que tomes hoy, influirán de manera directa en tu habilidad para reclutar talento altamente calificado.

Cuando Leslie Pierson lanzó una campaña Kickstarter para MEMI, una pulsera que vibra cuando tienes una llamada telefónica, la respuesta de las madres con niños pequeños fue tremenda. Leslie era la imagen perfecta y Fundadora de la compañía. No sólo era mamá y antigua consultora de dirección, también Ángel y miembro del consejo de 4moms, una compañía tecnológica que hace la siguiente generación de productos para bebé. Aunque creía en su idea, tuvo que tomar una decisión. Leslie quería pasar la mayor parte del tiempo en casa para cuidar a sus tres hijos pequeños (menores de cinco años). Reclutó a una socia de tiempo completo, Margaux Guerard, que había trabajado en posiciones senior de mercadotecnia en Diane von Furstenberg y en Bobbi Brown. Con una socia como ella, Leslie fue capaz de incluir MEMI en su 10% y dedicar el resto de su capacidad a las obligaciones familiares.

Después de prevender pulseras en Kickstarted por un valor de 100 000 dólares, pronto siguió la portada del *New York Times* y TechCrunch. A pesar de la agitación en el mercado, traducir el concepto en realidad es abrumador. Cuando batallaron con la complejidad de construir un hardware de computadora, la competencia las alcanzó con productos como el Apple Watch y las sacó del mercado (que al principio no tenía competencia). Con el tiempo, Leslie y Margaux tomaron la difícil decisión de cerrar operaciones y ofrecer un reembolso a quienes preordenaron su pulsera. No estaban obligadas a hacerlo, pero valoraban su reputación y quisieron hacer lo correcto para sus clientes.

Leslie reconoce que MEMI fue una experiencia de aprendizaje, aventura y fracaso, pero no será su último negocio. Aunque tenía grandes esperanzas y una tracción inicial muy fuerte, no dejó que el éxito se le subiera a la cabeza. Mantuvo la compañía austera, recaudando tan poco dinero como fuera posible y guardando una reserva de efectivo en caso de que las cosas no funcionaran. Como resultado, fue capaz de defender su obligación moral con sus clientes. En vez de que fuera un golpe para su reputación, demostró que cuando hace negocios, apoya a sus socios y cumple con sus responsabilidades.

Cada vez que te comprometas en una nueva empresa, lo harás con convicción. No es una misión de exploración o un *hobby,* es una dimensión de tu vida que merece el momento apropiado y mucha atención porque se convertirá en parte de tu historia personal. De hecho, tu nivel de compromiso es de suma importancia porque el éxito de tu 10% abrirá nuevas puertas el resto de tu vida. De manera natural enfrentarás contratiempos justo como cualquier otro emprendedor y necesitarás ser resistente. Cuando enfrentas retos u obstáculos, tu actitud te ayudará a recuperarte y continuar. Como verás en el siguiente capítulo, si designas tu 10% a largo plazo, debes asegurarte de que tu cabeza está en el juego el 100% del tiempo.

CAPÍTULO 9
Supera los obstáculos

Cuando eres Emprendedor 10% tienes un plan de respaldo, tu trabajo fijo, pero sigues siendo emprendedor en toda la extensión de la palabra. Sales, asumes riesgos y te adentras en terrenos desconocidos. Es emocionante, pero nunca es fácil, en especial cuando las cosas no van conforme al plan o encuentras obstáculos. Por eso cada emprendedor (del 10% en adelante) descubre que la adaptación y un firme compromiso a una visión a largo plazo son las herramientas más importantes.

Katy Tuncer sabe todo sobre adaptación. Mientras todos sus amigos pasaron su año sabático viajando de manera constante, Katy lustraba sus botas y se levantaba muy temprano para el entrenamiento. En vez de tomarse un año libre para "encontrarse a sí misma," consiguió un puesto codiciado en el programa de un año de la Real Academia Militar Sandhurts, lugar de donde egresaron los príncipes Harry y William, Winston Churchill, incluso el rey Hussein de Jordania. A la tierna edad de dieciocho, Katy comandaba una tropa de soldados, algunos le duplicaban la edad.

Una década después, Katy anhelaba de nuevo aplicar sus talentos para el servicio público, por lo que tomó un puesto directivo en la policía metropolitana, conocida de manera popular como Scotland Yard. También inició una familia. Como atleta de por vida, se dio cuenta de lo difícil que es para las madres primerizas concentrarse en su propia salud, además del bienestar de su hijo. Quería descubrir la manera de alentar a mujeres ocupadas para que encontraran tiempo para ejercitarse. Entonces escribió un plan de negocios para Ready Steady Mums, un programa de fitness en línea.

Mientras Katy equilibraba las demandas de su trabajo fijo con la atención que necesitaba su hijo descubrió que si iba a comenzar su propia compañía, no lo podía hacer sola. Reclutó talento técnico, formó un consejo de Asesores y congregó a miles de madres que compartían su visión. Con su equipo y la comunidad de madres de su lado, lanzó una campaña para recaudar fondos y consiguió casi 100 000 dólares de más de cien inversionistas. El éxito de la campaña atrajo la atención de la BBC, que en 2014 la nombró una de sus 100 Mujeres.

A pesar de este comienzo prometedor, Ready Steady Mums nunca logró escalar lo suficiente para operar de forma rentable, así que Katy decidió cerrar la compañía. Aunque estaba decepcionada, decidió disminuir las operaciones de manera responsable, por lo que contactó a los mayores inversionistas para explicarles la situación. Se sintió alentada por el profundo apoyo, en especial cuando uno le dijo que lo llamara la próxima vez que estuviera buscando capital. Katy consiguió mantener su misión al relanzarse bajo el auspicio de una institución sin fines de lucro que monitorea el bienestar de las familias en Reino Unido. Aunque no es viable como un negocio lucrativo,

Ready Steady Mums todavía tiene impacto en las nuevas madres en Inglaterra.

Justo como los emprendedores de tiempo completo, los Emprendedores 10% también fallan. La diferencia es que el Emprendedor 10% tiene menos que perder. Cuando te arriesgas, inviertes tus recursos en una empresa, si después tropiezas o encuentras un obstáculo sólo te queda una decisión: ¿Cómo vas a reaccionar? Cuando Katy se dio cuenta que Ready Steady Mums no era un negocio rentable, enfrentó el problema, habló con los inversionistas y encontró una manera de continuar con la misión por el bien de su leal comunidad y su visión. Siempre al servicio del público, quería lograr sus objetivos, se mantuvo enfocada en el panorama general y lo hizo posible. Eso es adaptación.

Dado que tu 10% representa sólo una porción de tu vida profesional, cuando las cosas no salen descarta las pérdidas y continúa tu camino. Incluso si no has invertido mucho capital financiero o tiempo, sí has hecho una inversión emocional significativa. Esta es la parte de tu carrera donde te acercas más a tus intereses y a la gente que es importante para ti (estás más inmerso). Cuando se trata del aspecto mental de tu trabajo, el diez por ciento del Emprendedor 10% no importa porque todo lo que haces cuenta para más. Todavía eres un emprendedor, por eso debes de ser fuerte de manera mental, mantente comprometido con tu visión, y recuerda que cada día de trabajo, bueno o malo, te acerca un paso a tus metas generales. Tendrás altibajos, es natural, pero cuando las cosas no funcionen, retrocede, recuerda por qué estás ahí en primer lugar y mantén la vista en el premio.

Desarrollar adaptación al trabajar con obstáculos es una parte esencial de tu estrategia, tan importante como formular tu Plan 10%, hacer las debidas diligencias e incrementar tu red de contactos. Claro, es la parte sentimental del ejercicio, pero también es la que más se relaciona contigo, más que cualquier otra cosa. Sólo por esa razón, debes prepararte mentalmente para los aspectos psicológicos del juego al saber cómo vencer el síndrome del impostor, evitar la parálisis de la indecisión y recuperarte cuando enfrentes contratiempos.

EVITA LA TRAMPA DEL SÍNDROME DEL IMPOSTOR

Todos conocen al tipo de gente que desde hace tiempo trae en la cabeza algunas ideas de negocio y le gustaría realizarlas en algún momento. Muy pocas personas van más allá de la idea sin ningún compromiso. Estas ideas (algunas de ellas muy buenas) salen de vez en cuando en alguna fiesta. "¿Sabes que me gustaría hacer un día?", dice el pseudoemprendedor con gran entusiasmo. Después te hace prometerle que no le dirás a nadie antes de detallar su plan de negocios. Minutos después, la conversación cambia y la idea se vuelve a guardar hasta la próxima fiesta. Un día, cuando alguien lleva a cabo esa misma idea, el pseudoemprendedor se dará de golpes. Si es exitosa, dirá a todos sus amigos: "¿Recuerdas cuando te conté de ese negocio? ¡Ahora un maldito suertudo se está haciendo rico con MI idea!"

Yo era de esos. En la primera década de mi carrera, estaba en el campo de las personas que preferían dejar la obligación en la oficina. Mi trabajo fijo era para hacer dinero. Las tardes y fines de semana (a veces interrumpidos por montones de pendientes) eran míos. ¿Por qué molestarme en buscar más cosas cuando usaba mi tiempo libre para disfrutar los frutos de mi empleo? Nunca se me ocurrió que obtendría placer trabajando en algo por fuera, ni que mi carrera no tenía que reducirse a mi trabajo fijo. Nunca imaginé que encontraría ese mágico lugar donde colaborar con oportunidades de negocio reales sin sentirlo como una obligación.

Mucha de esa mentalidad venía del hecho que nunca estuve expuesto al concepto de perseguir intereses de negocios propios fuera de la oficina. Mis padres (de hecho, los padres de todos) y las demás personas que conocí cuando crecía, tenían un trabajo fijo en alguna de las compañías o en la rama local de alguna empresa grande. La faena terminaba en el momento en que dejaban la oficina, el supermercado, la estética, el centro comercial, el restaurante o donde fuera que pasaran sus ocho horas diarias. Claro, algunos tenían pequeños negocios, pero eran de tiempo completo como una pequeña tienda o una franquicia. Yo pensaba que debías trabajar para una compañía o tener un pequeño negocio. Como sea, dejabas tu sustento en ese esfuerzo y dirigías el resto de tu tiempo a familia, *hobbies* y otros intereses.

Si nunca te has visto en realidad como un emprendedor, cambiar la mentalidad lleva tiempo, incluso si has tenido éxito en otra área. Una de las cosas más difíciles al explorar nuevas aventuras es la tentación de sentirse superior cuando te comienzas a reunir con gente de organizaciones muy conocidas. Claro, estás consiguiendo experiencia y contactos, pero es fácil sentirse intimidado cuando te estás *representando a ti* en vez de a una marca empresarial con una tarjeta de presentación. Como Emprendedor 10%, te lanzarás a las personas con frecuencia, diciéndoles qué puedes ofrecer, buscando establecer credibilidad basada en tu experiencia, tus contactos y tu visión. Para muchas personas, es molesto promoverse a sí mismas después de pasar años vendiendo una marca y tomando ventaja de la imagen monolítica que las compañías proyectan (en especial las grandes). Incluso tu lenguaje será diferente. En vez de empezar enunciados con "La empresa" o "Nosotros", ahora empezarás con "Yo."

Cuando estás acostumbrado a la comodidad de la reputación de tu compañía, a sus bonitas oficinas o a su larga historia, operar en su ausencia te puede causar un poco de inseguridad. De hecho, es natural sentir que eres un impostor cuando empiezas. Yo así me sentía. Acostumbrarse a tu recién autonomía es un poco difícil. Cuando operas fuera de tu trabajo fijo hay más incertidumbre, sin embargo te preparas y tomas lo que te llegue. Vas a batallar con factores externos y sucesos fuera de tu control, pero sin importar qué pase, la responsabilidad final recae de modo directo en tus hombros.

A menos que tengas un nivel muy alto de confianza, es natural dudar si la persona sentada del otro lado del escritorio te tomará en serio. Después de todo estás vendiendo una idea cuando apenas comienzas. No importa si eres Ángel, Asesor o Fundador, eres nuevo en el juego. Incluso si eres más que capaz en todo lo que estás tratando de conseguir, te preocupa no ser suficiente. Es muy estresante "fingir hasta que lo logres".

Sentirse como un impostor de hecho puede ser una emoción sana, siempre y cuando mantengas tus dudas bajo control. Mostrar algo de humildad, te ayudará a centrarte y te motivara a continuar para alcanzar una posición donde seas fuerte y seguro. También es innecesario. Cuando tienes un Plan 10%, sabes a dónde vas y cómo llegar ahí. Al añadir experiencia creíble, la mayoría de la gente te tomará por lo que vales. Ayuda si te conocen de tu trabajo fijo, o de alguna otra etapa de la vida, ya que estarán familiarizados con tus capacidades.

Incluso en la primera reunión, si tuviste el valor de presentarte y lograste exponer tu historia, la gente te respetará por eso. En primer lugar, al acceder a hablar contigo, es claro que son de mentalidad abierta y están dispuestos a invertir tiempo para encontrar áreas de interés mutuo. Desde ahí, todo se resume en tener confianza y un discurso sólido para asegurarte de sacar lo más que puedas de la oportunidad. Como lo he dicho antes, la imagen que proyectas al mundo es como te verán los demás. Cuando te sientes del otro lado de la mesa en esa primera reunión, sabrás con rapidez lo que presentas basado en las preguntas que te hagan. Toma nota de esas interrogantes y ajusta tu estrategia, contestándolas por adelantado en reuniones futuras. Al eliminar zonas de dudas, mejorarás tu presentación y tu discurso.

También puedes alejar un poco de la presión al recordar que tu 10% es un trabajo en progreso. Estarás tratando cosas nuevas de manera constante, siguiendo lo que funciona bien y desechando lo que no. Al aceptar el hecho de que mi 10% era una empresa incipiente y yo era su Fundador, de alguna manera me sentí más libre. Tenía un Plan 10%, pero no tenía que saber todas las respuestas todo el tiempo. Podía asumir riesgos, pensar con originalidad y pedir ayuda, porque eso es lo que debes hacer cuando empiezas una *startup*. También, ir al pizarrón y hacer ajustes mientras aprendía y mejoraba. Con eso en mente, me sentí más seguro y mejor preparado para continuar cuando encontré obstáculos.

CUANDO TE SIENTAS ESTANCADO
CONFÍA EN TU PLAN

En junio de 2014 llegó a mi correo un mensaje con un nombre que no reconocí. Era un email del periodista Ben Schreckinger, quien investigaba la historia del término MPA (miedo a perderse algo o FOMO por sus siglas en inglés), para la revista *Boston*.[39] Rastreó su origen en un artículo que escribí en 2004 cuando era estudiante. Eso fue antes de que Facebook impusiera MPA como la neurosis que provoca estar en una sociedad siempre conectada. En realidad, las redes sociales no existían en ese entonces, pero ya teníamos mucho combustible para nuestras inseguridades. Mis compañeros de clase y yo apenas habíamos vivido la burbuja puntocom y los ataques del 9/11. Todos estábamos un poco traumatizados, por lo que de manera inconsciente decidimos vivir cada minuto al máximo, nos la pasáramos bien o no.

Todo empezó con MUMO (miedo a una mejor opción o FOBO por sus siglas en inglés). Fue el término que se me ocurrió para explicar el hecho de que todos los que conocía en la escuela estaban buscando siempre algo mejor. No estábamos satisfechos con algo bueno, queríamos lo mejor. No podías tener una conversación con alguien sin darte cuenta de que sus ojos escaneaban la habitación para averiguar con quien hablar después. Todos nos sentíamos atraídos por el valor de la opción, muchas veces sólo por el hecho de tenerla. Era algo insoportable. No nos queríamos comprometer por si algo mejor se presentaba. MPA era el extremo opuesto. Teníamos tanto miedo a pernos alguna experiencia divertida y única que decíamos que sí a todo. Así terminabas apuntándote a dos o tres planes cada noche cuando es probable que lo mejor hubiera sido quedarse en casa.

MPA y MUMO son fuerzas opuestas irreconciliables, antítesis del yin y el yang. Pueden llevar a una persona a un estado paralítico que llamo MHCC (miedo a hacer cualquier cosa o FODA por sus siglas en inglés). Son el resultado de una mentalidad que busca optimizar en vez de actuar. MPA y MUMO son muy peligrosos cuando empiezas a trabajar en una nueva empresa. Una parte de ti quiere hacer algo, para lograr ese primer trato o inversión, para romper el hielo y comenzar. Pero si caes en el MPA, te arriesgas a comprometerte con algo por las razones equivocadas. Sólo debes aceptar un proyecto porque crees en sus fundamentos, no porque sientes presión de involucrarte por miedo a perderte algo. Por el otro lado, si permites que el MUMO se meta en tu estrategia, desperdiciarás tiempo valioso esperando la oportunidad perfecta, una oportunidad que de hecho, no existe. No hay tal cosa. Es por eso que Ricitos de Oro sería una terrible Emprendedora 10%.

Aunque hay un valor real en mantener tus opciones abiertas al menos por un periodo, es esencial escoger una o un conjunto de oportunidades y desechar otras. Como Emprendedor 10%, medirás con frecuencia los riesgos relativos y beneficios asociados con una variedad de oportunidades potenciales. Es muy raro que una sea tan cautivadora para considerarla pan comido. Incluso si eres Warren Buffet y tienes equipos completos de gente trabajando para ti, hacer inversiones puede ser un acto de fe porque algunos de los factores en juego están fuera de tus manos. Reconoce todas las áreas oscuras, pero no dejes que te paralicen.

Ahí es cuando tu Plan 10% salva el día. En el transcurso de este libro, has invertido tu energía y tu intelecto para hacer una estrategia a la medida de tus objetivos, recursos e intereses. Recuerda, cuando decides involucrarte o no en un proyecto, no lo haces en términos *relativos*, sino *absolutos*. Como resultado, evita el MPA y el MUMO en su totalidad, al confiar en que tu proceso te permite evaluar cada oportunidad por separado. Seguirás tu plan, juntarás tu equipo y empezarás a trabajar. Una vez hecho eso, tu tarea y tu dictamen guiarán tu pensamiento y tomarás la decisión final basada en méritos: ¿Esta empresa pasa la prueba o no?

Considera la historia de Peter Barlow. Había fallado dos veces antes de platicar con el fundador de Silvercar en un vuelo. En vez de desechar la idea por ser riesgosa o de enamorarse del concepto sin haber hecho su tarea, siguió un plan. Revisó los antecedentes de sus posibles socios, pasó un montón de tiempo haciendo las debidas diligencias y después reclutó un emprendedor experimentado de la industria de viajes. Así que, a pesar de estar emocionado y listo para arremangarse y comenzar a trabajar en cuanto vio el plan de negocios, siempre siguió su Plan 10%, desde evaluar sus recursos hasta activar el proceso de inversión y a su equipo.

¿QUÉ HAY DEL FRACASO?

Cuando eres emprendedor sabes que el fracaso es parte del proceso de un negocio. Incluso si al final eres muy exitoso, habrá muchos momentos en los que sentirás que fracasas. La iniciativa empresarial es experimentar, por eso averiguar qué *no* funciona es la única manera de determinar qué *sí* lo hace. Ninguna cantidad de experimentación, trabajo duro y planeación pueden asegurar el éxito de una empresa. Te guste o no, vas a perder.

Aunque fracasar "apesta", cuando es dentro de tu 10% el impacto general es limitado. De todas formas, necesitas involucrarte con cada uno de tus socios para abordar cualquier problema sin resolver y limitar un daño colateral. Como viste con Katy Tuncer de Ready Steady Mums y con Leslie Pierson de MEMI, la forma en que te comportas cuando las cosas salen mal tiene un impacto poderoso en tu reputación. Hacer lo correcto por tus socios y tus accionistas dirá mucho sobre tu carácter como profesionista. También trata de entender qué estuvo mal para evitar errores similares en cualquier otra área de tu 10%. Por último, intenta colaborar con el mismo grupo de personas en el futuro (asumiendo que fueron buenos socios). Todos serán más sabios por sus experiencias compartidas, así que pueden aumentar las probabilidades de éxito la próxima vez.

Como escribí al comienzo del libro, en verdad creo que los Emprendedores 10% no nacen, se hacen. Fracasar y volver a comenzar es parte del proceso. Incluso cuando enfrentas retos, si te mantienes comprometido a tu plan y a tu visión, tendrás un progreso constante. Con el tiempo, tus recursos se expandirán, tu proceso de inversión trabajará con más eficiencia, y tu red de contactos será más fuerte. Desarrollarás adaptación, te sobrepondrás a los contratiempos y operarás con confianza. Cuando todos estos factores se conjunten, tu máquina funcionará con más rapidez y suavidad, y verás tus inversiones recompensándote como jamás imaginaste. En ese sentido, habrás llegado a la meta. ¿Qué seguirá después? ¿Cómo mantendrás tu impulso?

En el último capítulo, volcaremos nuestra atención a los principios medulares que te guiarán a lo largo del camino.

CAPÍTULO 10
Gana a largo plazo

Ahora que tienes un plan, reuniste recursos y equipo, estás listo para aceptar el reto y convertirte en Emprendedor 10%. Este último capítulo se enfoca en los valores que servirán como guía de buenas maneras en tus esfuerzos futuros. A través del libro has escuchado sobre actitud, ya sea en términos de tiempo, dinero o en la manera en que construyes y manejas tu 10%. Me he concentrado mucho en la actitud porque es la nueva limitación de la iniciativa empresarial (en un sentido fundamental). Hace algunas décadas, si querías empezar una nueva empresa, había muchas barreras. Tenías que pagar un costo prohibitivo por tecnología e infraestructura. También estabas limitado por el lugar donde vivías, porque en muchos lugares tenían pocas opciones cuando se trataba de encontrar talento y capital. Estos obstáculos ya no existen. El reto actual es construir algo que sea sostenible y produzca valor, tanto financiero como personal, en el transcurso de tu carrera profesional.

Omar Chatah creció entre Líbano y Estados Unidos y sabe que los emprendedores muchas veces florecen en los lugares donde la vida es lo más impredecible. Por eso Líbano es un mercado tan emocionante para la iniciativa empresarial. Cuando dependes de la creatividad y la resistencia para navegar en las tareas mundanas de la vida cotidiana, el reto que surge al lanzar una nueva empresa no parece tan dramático. Aun así, cuando Omar quiso empezar algo por su cuenta, su padre le dio un consejo: "Si quieres dedicarte a un camino sostenible, ahorra dinero suficiente para financiar un negocio por ti mismo."

Aunque esto no era exactamente lo que Omar quería escuchar, eligió paciencia sobre pasión, bajó la cabeza, y siguió trabajando en una compañía de software en San Francisco. Entonces, en diciembre de 2013, todo cambió. Su padre, un político, fue asesinado por un coche bomba en Beirut. En el periodo posterior al ataque, Omar se cuestionaba la dirección de su vida. La paciencia lo carcomía. Todavía era joven, ¿qué le impedía asumir riesgos? Nunca sabes cuándo va a pasar algo horrible así que, ¿por qué esperar?

Decidió tomar en serio su idea de negocio: una aplicación de *dating* llamada Hayati que adapta al mundo del smartphone las prácticas consagradas por los árabes para salir con alguien. Trabajando en las noches y los fines de semana, Omar investigó el proceso de iniciar una compañía, proteger la propiedad intelectual y desarrollar el software técnico necesario. Después de cortar sus gastos básicos para que pudiera fundar Hayati con sus ahorros, renunció a su trabajo fijo. Seis meses después, cuando visitó Beirut, descubrió una ciudad cambiante. La escena tecnológica local emergente ya no existía, ahora podía contratar desarrolladores de software de alta calidad por mucho menos dinero que en Estados Unidos. Conforme hacía contactos, se descubrió entrevistando gente. La elección del momento oportuno fue perfecta. Después de construir la aplicación de tiempo completo durante los últimos seis meses, terminaron las horas más intensas. Ahora podía hacer crecer Hayati de manera complementaria.

En la actualidad, Omar dirige un programa acelerador que selecciona y asesora negocios incipientes prometedores y los envía a Londres. El programa es un puente de ideas, capital y talento entre Líbano y el mundo en general. El país puede estar localizado en un vecindario complicado, pero es un centro regional emergente para la tecnología y la innovación. Y Omar opera en ese centro. Su nuevo puesto le da una plataforma sostenible que le permite dedicar tiempo significativo a Hayati. Todo mientras cubre sus riesgos de pérdidas, gana para vivir bien y ofrece algo importante para su país.

LOS PRINCIPIOS QUE GUÍAN AL EMPRENDEDOR 10%

La historia de Omar reúne muchos temas explorados en este libro. Todas sus decisiones fueron deliberadas, hizo y siguió un plan. También estructuró su vida y su carrera de manera que sacaran partido a sus fortalezas. Como alguien con un pie en Líbano y otro en el extranjero, sus roles en UK Lebanon Tech Hub y en Hayati aprovechan sus talentos únicos cuando se trata de construir puentes entre el mundo árabe y el occidente. Además sus responsabilidades en ambos lugares son simbióticas y construye su *startup* sin poner todos los huevos en una sola canasta. Como todos los buenos Emprendedores 10%, sus objetivos son claros, su estrategia está integrada y su enfoque es deliberado. Al ver cada una de sus decisiones puedes decir que está comprometido a ganar a largo plazo.

Cuando termines este capítulo y cierres el libro puedes regresarlo a la estantería física o digital... o empezar. Ahí es cuando importa la actitud. Es lo que guía la fantasía a la acción. Te lleva al lugar donde empiezas, haces y provocas que las cosas se vuelvan realidad. Espero que estés convencido de que es tiempo de ponerse en marcha. Observa a tu alrededor, aprende de los demás, únete a equipos y construye tu propio 10 por ciento.

Como has visto en el transcurso de este libro, no hay sólo un tipo de Emprendedor 10%. Viven en todo el mundo, operan en un amplio rango de industrias y provienen de diversas experiencias. El único denominador común es que todas esas personas buscan oportunidades y hacen que las cosas pasen. Toman riesgos calculados, aprenden de sus errores y mejoran. Con esto en mente, este capítulo te dejará una serie de principios rectores que representan la sabiduría colectiva de hombres y mujeres que están al frente del movimiento 10%. Ellos son tu brújula y mapa, y siempre puedes regresar a este capítulo para asegurarte de que sigues en el camino correcto.

SIEMPRE ACTÚA CON INTEGRIDAD, EN ESPECIAL CUANDO SE TRATA DE TU JEFE

Tu 10% te provee un sinnúmero de beneficios, pero no paga tu salario. No puedes construir un 10% a expensas de tu empleo de tiempo completo. Cuando surge el conflicto o la disyuntiva, tu trabajo fijo debe ser primero sin lugar a dudas. La razón principal de trabajar en proyectos externos es el éxito continuo que tienes en tu empleo. Obtienes el capital financiero y la estabilidad para tomar riesgos. También te beneficias de la credibilidad, una base de contactos y las habilidades que aplicarás al involucrarte en un proyecto empresarial. Siempre y cuando continúes concentrado en tu trabajo fijo y sigas las reglas, tu jefe valorará los conocimientos que traigas a la oficina. En breve, tus colegas te preguntarán si pueden colaborar en alguno de tus proyectos. Todo esto es posible si das lo mejor, dentro y fuera de la oficina.

Ten cuidado con las zonas grises porque llevan a conflictos potenciales de intereses. Tu jefe no debe pagar las cuentas de tus actividades personales de negocios. Nunca debes competir con tu empleador o tomar oportunidades para ti mismo que por derecho le pertenecen a tu trabajo fijo. Dirige el negocio de tu 10% con un email personal en vez de usar el de la compañía y evita utilizar recursos corporativos para tus propios propósitos. El dinero que ahorres en fotocopias y artículos de oficina puede costarte muchísimo. Si tu firma requiere que reveles tus inversiones personales o actividades de negocios, sé sincero. Cuando tu 10% viole un código de conducta (ético o profesional), escrito o no, estás fuera. Se acabó el juego. No hay lugar para errores cuando se trata de ética profesional.

Para terminar, dependiendo de tu camino, puedes descubrir que en algún punto es difícil balancear las demandas de tu 10% y tu trabajo fijo. Es ahí donde decidirás si todavía puedes destacarte en todas tus actividades. Si eliges dedicarte a tu 10% de tiempo completo, tal vez te sorprenda la posibilidad de estructurar un aterrizaje suave con tu jefe. Las firmas sufren para encontrar gente en quien confiar y por lo general pelean para mantener a sus mejores empleados. Al igual que Dipali Patwa o Masala Baby, tal vez descubras que tu compañía te permite trabajar con una agenda flexible mientras concentras más energía en una nueva empresa.

APÉGATE A TU *KNITTING*

Cuando sacas partido a tus fortalezas, te enfocas en áreas que te interesan y disfrutas, integradas al resto de tu vida. Uno de los beneficios claros de esta estrategia, es que te aseguras de no alejarte de tus áreas de especialización. Estarás concentrado y evitarás los peligros del MPA y MUMO. Claro, no tiene nada de malo querer dedicarse a un proyecto sin relación con tus habilidades básicas. Es concebible soñar una buena idea que no tenga nada que ver con tu vida actual, hacerla y convertirse en un éxito total. En las inmortales palabras de Justin Bieber "Nunca digas nunca". Es sólo que es más difícil optar por esta estrategia cuando trabajas de medio tiempo.

Escoger oportunidades integradas a tu vida te permite levantarte a gran velocidad y hacer las conexiones correctas. En el habla de los inversionistas de riesgo, hacer lo que haces mejor, o apegarte a tu *knitting* (tejido), incrementa mucho tus oportunidades de éxito. También te hace más eficiente. Entre más te alejes de la industria que conoces y de la gente en quien confías, tendrás que trabajar más en tu empresa. Por eso es tan poderoso tener una estrategia integrada. Piensa en los tipos de actividades que escogieron para hacer su 10% personas como Hillyer Jennings, Luke Holden, Josh Newman, Dipali Patwa,

Mildred Yuan, Diego Saez-Gil y Katy Tuncer. Te darás cuenta de que estos negocios ajustan a la perfección en el resto de sus vidas. Si quieres cambiar tu enfoque a un área nueva y obtener habilidades adicionales, puedes hacerlo desde una posición de fortaleza al utilizar la experiencia que aplicas en tu trabajo fijo. Peter Barlow utilizó su visión legal para unir su camino al mundo de los negocios. Su trabajo en Silvercar fue informado por su conocimiento en leyes corporativas, pero también trajo una diversidad de saberes prácticos a la mesa. Leslie Pierson aprovechó su experiencia como madre y consultora de dirección para ser miembro del comité de 4moms. Esto le dio un entendimiento crucial en patentes y propiedad intelectual que eran invaluables en los primeros días de MEMI. Cuando saltas entre industrias, tal vez necesitas dar pasos intermedios. No es una estrategia de gratificación inmediata, pero es una forma inteligente de migrar tus intereses y red de contactos a un área donde siempre quisiste construir conectividad.

BUSCA ESCAPAR DE TU ZONA DE COMODIDAD

La otra cara de apegarte al tejido es tomar riesgos. Sólo porque haces lo que te sale mejor, no significa que siempre irás a la segura. Los proyectos empresariales son riesgosos por naturaleza, así que explorar tus límites es parte del ejercicio. La diferencia es que lo harás desde un lugar fuerte, al echar mano de tus recursos, tu proceso de inversión y tu red de contactos. Habrá veces en las que te sientas incómodo o inseguro, pero gracias al trabajo que realizaste conforme leíste este libro, te sentirás seguro de que tienes todo lo que necesitas para operar en esas circunstancias.

Cuando se trata de dejar la zona de comodidad, Alex Torrenegra se lleva los honores. Cuando se mudó de Colombia a Estados Unidos, dejó una buena vida. Era dueño de IT, una compañía que había crecido y tenía veinticinco empleados, vivía en la mejor parte de Bogotá y hasta tenía su propio auto, un lujo que era insólito entre sus amigos. Dejó todas estas comodidades para mudarse a Estados Unidos y cambió su título de CEO por una cubeta y un trapeador en McDonald´s. Tomó esta decisión porque creía que era la mejor manera de dirigir un negocio de tecnología innovador. Le tomó un poco de tiempo, pero triunfó en Silicon Valley. Ahora, él y Tania Zapata son los dueños del tipo de compañía que buscaban. Fue un riesgo, pero es claro que quedó satisfecho por completo. También tú puedes tomar riesgos, pero no tienes que moverte miles de kilómetros y cambiar tu vida para tener oportunidades. Puedes empezar de manera más modesta y aun así ver grandes beneficios.

Lanzar una nueva empresa como parte de tu 10% no sólo te permite aislar del resto de tu carrera el riesgo de fracasar. También te otorga un lugar para experimentar, fallar, girar y volver a lanzar. Los emprendedores que le arrancan el éxito a las garras del fracaso muchas veces dan el crédito a un giro a tiempo, básicamente un cambio en el modelo de negocio, para crear las condiciones de su éxito definitivo. El bajo costo para empezar un negocio en muchas industrias también te posibilita intentarlo otra vez. Puedes probar ideas, construir prototipos y hasta lanzar un proyecto con un presupuesto pequeño. Si tu hipótesis no resulta o tu producto no toma vuelo, no todo está perdido. Incluso si fallas, tu fracaso será independiente, lo cual limitará los efectos secundarios en el resto de tu carrera. Tu 90 por ciento permanecerá intacto y te dará la estabilidad y credibilidad para alejarte, reagruparte y regresar otro día.

ENCÁRGATE DE TU EDUCACIÓN

Durante mis primeros años trabajando en finanzas, me avergonzaba admitir que en realidad no entendía de contabilidad. Si ésta en verdad era "el lenguaje de los negocios" estaba lejos de hablar con fluidez. No es una situación ideal si quieres progresar en Wall Street. Incluso aunque podía conectar todos los números en un formulario y obtener la respuesta correcta, estaba fingiendo. Todos los demás parecían saber lo que estaban haciendo, pero me daba miedo pedir ayuda. ¿Qué tal si alguien se daba cuenta de que era un impostor? Al final, después de cuatro años de rascarme la cabeza, compré un libro de contabilidad y lo leí de principio a fin. Al hacerlo, entendí cómo encajaban las piezas y me di cuenta de que no era malo (por naturaleza) para la contabilidad. Sólo que nunca tuve la oportunidad de aprenderla de manera apropiada hasta que tomé las riendas del asunto.

Cuando dejas tu zona de comodidad, encuentras nuevos conceptos y un lenguaje desconocido. Desarrollas un poco de astucia que sólo se aprende en el mundo real y te encargas de tu propia educación. Cada vez que encuentras una nueva oportunidad, necesitas escarbar y aprender nuevas cosas, pero también tropiezas con problemas recurrentes, como los asuntos financieros y legales. La buena noticia es que hay muchos libros, blogs y sitios web que te ayudarán a aprender y a ganar seguridad en estos campos. Algunos de mis recursos favoritos están incluidos en la sección de notas al final de este libro. Otra forma de encontrar ayuda en el mundo real es uniéndote a un grupo Ángel o haciendo equipo con gente cuyas habilidades te complementan. Por último, puedes tomar clases en una universidad o inscribirte en cursos especializados por internet (los cuales abarcan casi cualquier tema que te imagines).

Nunca es demasiado temprano para empezar a construir tu 10%. Trabajar en proyectos empresariales complementa muy bien el estilo de vida estudiantil. Cuando eres estudiante, estás inmerso en un ambiente donde mucha gente se enfoca en el crecimiento personal y profesional. También tienes bastantes materiales educativos y herramientas de búsqueda a tu disposición y puedes aprovechar la experiencia y energía de compañeros y profesores para reunir conocimiento y recursos. Además tienes más flexibilidad de horario que cuando trabajas de tiempo completo. De esta manera, Hillyer Jennings usó su tiempo libre en la escuela de leyes para desarrollar el plan de negocios y el prototipo para Wrist Tunes. De forma similar, un socio de Diego Saez-Gil en Bluesmart, Brian Chen, se unió a la compañía justo antes de entrar a la MBA (Maestría en administración de empresas) en el Massachusetts Institute of Technology (MIT). Cuando las clases empezaron, trabajó en Bluesmart y en sus estudios de manera simultánea, aprovechando los recursos de la comunidad del MIT en beneficio del negocio. Después de que Bluesmart realmente despegó, hizo una pausa en sus estudios para unirse a la compañía de tiempo completo.

REPARTE LA RIQUEZA

Cuando adoptas una actitud empresarial, ves oportunidades en lugares donde nunca antes las viste. Pronto aprendes que este no es un juego de suma cero (es decir, para que unos ganen otros deben perder). Tu poder viene de tu experiencia, pero también de tu red de contactos. Harás la tarea y confiarás en la intuición, pero de manera activa recurrirás a los talentos, ideas, redes y buena voluntad de los demás para hacer que esto se vuelva una realidad. Así expandes tu 10%. No puedes estar en todas partes al mismo tiempo ni saberlo todo. Por eso tienes un equipo. Estás diseñando una máquina autosustentable que hace funcionar la energía e inteligencia de la gente que reclutas para trabajar contigo. Estos individuos participarán a través de tu 10%. Invertirán contigo, te aconsejarán, capitalizarán y hasta trabajarán en proyectos por ti en las compañías de tu portafolio. En etapas tempranas, Gavin Newton-Tanzer, emprendedor de educación extracurricular en China, reconoció que el valor de su compañía crecería muchísimo si se rodeaba de las personas correctas. No descansó hasta transmitirles su visión y subirlas a bordo.

No hay razón para acaparar los beneficios de tu trabajo y las contribuciones de tu equipo. Al seguir buscando maneras de traer nuevo talento a tu 10%, haces el pastel más grande para todos (incluyéndote). También accedes a gente cuyas redes, habilidades e intereses son complementarios a los tuyos. A cambio, les ofrecerás la oportunidad de tomar parte en tu portafolio de actividades para beneficio de sus carteras y currículums. No estás en el negocio de hacer dinero sólo para ti. Quieres que todos los que conozcas salgan ganadores. No eres un ñú ni sigues a la manada, pero estás dispuesto a meterte en una si la gente que te rodea comparte tus valores y te cuida la espalda. Cuando encuentras a estas personas, explora caminos para asociarte con ellos, ofréceles oportunidades para convertirse en Ángeles o Asesores. Trata de nivelar los incentivos de todos trabajando juntos en los mejores proyectos que puedas encontrar. Si eres generoso y descubres maneras de compartir las ventajas con la gente que trabaja contigo, es muy probable que algún día te devuelvan el favor.

RODÉATE DE GENTE QUE SAQUE LO MEJOR DE TI

Tu 10% es el aspecto más personal de tu carrera profesional. Es donde puedes escoger a tus socios. Los negocios se hacen sobre ideas y éstas sobre personas. Fracasan bajo el peso de un capital humano inadecuado, incentivos desbalanceados y conflictos personales. Si estás considerando trabajar con un socio nuevo, necesitas hacer tu debida diligencia, poner todo sobre la mesa y unir fuerzas con alguien que comparta tus valores. Si enfrentas una limitación financiera o tienes problemas para encontrar a la gente correcta, busca en los que confías para llenar el vacío. Por ejemplo, colaborar con amigos, familiares, antiguos colegas y otras personas importantes para ti. Tienen en mente tus mejores intereses y están más dispuestos a darte el beneficio de la duda que alguien que no te conoce. También es más probable que sean completamente honestos contigo cuando estás fuera del camino correcto. Además, como estarás operando al 10%, las acciones son más pequeñas que si estuvieras colaborando en un esfuerzo de tiempo completo. Eso te permite descubrir si trabajan bien juntos antes de hacer un compromiso más profundo.

No es de sorprender que muchas compañías descritas en este libro fueran empezadas por emprendedores que trabajaron con gente muy cercana en sus vidas. Luke Holden compartió con su padre la inversión inicial para abrir su primera tienda. Sus hermanos menores, Bryan y Michael, ahora laboran en la compañía. Bryan es socio y supervisa las remodelaciones de las tiendas Luke's Lobster, pero también está aprovechando esta experiencia para diseñar y hacer muebles a la medida como parte de su 10%. Además, a estas alturas, parece que la mitad del pueblo Cape Elizabeth en Maine, trabaja para Luke's Lobster. De manera similar, los hermanos de Hillyer Jennings en Georgia, ayudan con el almacenaje y cumplimiento de Wrist Tunes.

Tu 10% debe hacer tu vida más rica e interesante, pero no a expensas de tus relaciones. Incluso si no pones a tu familia y amigos a colaborar y los reclutas para tus proyectos, todavía necesitas de su apoyo. Construir tu 10% requiere sacrificio. No importa cuánto disfrutes cada momento de tu trabajo, tal vez tu pareja o tus hijos no lo hagan. Tendrás que aguantar más en tu vida y dedicar tiempo y energía a tu negocio. Si puedes encontrar maneras para involucrar a tus seres queridos en tu 10%, harás que el tiempo cuente para más. Alex y Tania se asociaron para crear Bunny Inc., y pasaron más tiempo juntos que si hubieran estado en proyectos empresariales separados. De forma similar, Josh Newman y su esposa, Lisa, crearon una agencia digital como una manera de divertirse mientras construían un negocio real.

SIGUE LA REGLA DE ORO

La iniciativa empresarial es un deporte de resistencia como ningún otro. Cuando empiezas un nuevo proyecto, recaudas capital y tratas de aterrizar a tus primeros clientes, te acostumbrarás a escuchar la palabra "no". También te habitúas a lidiar con gente que te ignora, te olvida o por lo general es difícil de encontrar. Las personas ocupadas sólo desaparecen si no estás incluido en su lista de prioridades. Si eres Ángel, te encontrarás en el otro lado de la ecuación. Te reunirás con compañías, algunas vendrán con ideas sin madurar, planes mal concebidos o equipos mediocres. En la actualidad, más o menos cualquiera puede armar una presentación en PowerPoint. Pues de manera sorprendente sólo un pequeño porcentaje de las oportunidades que aparezcan en tu bandeja de entrada serán interesantes de verdad. Por eso debes gastar el menor tiempo posible en la filtración. Si no eliminas de manera agresiva, puedes invertir horas aprendiendo sobre oportunidades de negocio que tienen poca oportunidad de cumplir tus requisitos.

El rechazo es una experiencia que te abre los ojos. Cuando trabajaba para empresas grandes, siempre me sentí un poco más al decirle no a alguien, pero en realidad *no sabía* lo que se sentía que alguien me dijera que no. Al sentarme en el otro lado de la mesa y tratar de vender parte de Real Influece a YouTube, tuve una sopa de mi propio chocolate. Fue muy educativo.

No tiene nada de malo decir no. Pero no hay razón para ser grosero, irrespetuoso o indiferente. Estás jugando a largo plazo. Plantas y semillas que tal vez den frutos dentro de algunos años. La persona que hoy te presenta un plan de negocios mal concebido puede ser el CEO de una compañía muy atractiva algún día no muy lejano. Tu consideración (o falta de ella) será recordada. Si quieres que te sigan invitando a la fiesta… pórtate bien.

Seguir la Regla de oro también implica cumplir tus compromisos. Hablar es barato. Si prometes presentar a alguien, transferir fondos o reservar un cierto número de horas al mes como Asesor, debes hacerlo. Si no estás presente e involucrado ¿para qué construyes tu 10%? Es la parte de tu carrera en la que puedes tomar decisiones, seguir tus intereses y construir algo por ti mismo. Si tu 10% lo sientes como una obligación en vez de un privilegio, es tiempo de reconsiderar tu estrategia.

HAZ DE TU 10% UNA PARTE DE TU VIDA DINÁMICA Y CONTINUA

Cuando se trata de Emprendedores 10%, Stephen Siegel es una leyenda. Es un magnate de bienes raíces, artífice de su éxito que llegó al puesto de presidente de *brokerage* global en CBRE, la compañía de inversiones inmobiliarias más grande del mundo. Se autodescribe "adicto a los tratos" y construye su 10% desde que estaba en pañales. Stephen hizo su primera inversión cuando tenía veintitantos. Se unió a dos socios senior muy ricos para adquirir un hotel en el centro de Manhattan. Ahora, cuatro décadas después, es inversionista en más de cien proyectos, desde bienes raíces hasta restaurantes y demás.

Si piensas en términos de décadas y no meses o años, tu 10% representa una parte significativa de tu vida profesional y personal. Antes de conocer a Stephen, ya había escuchado sobre él porque su 10% es parte de su imagen pública. En sociedad con el actor Timothy Hutton y el fallecido George Steinbrenner (dueño de los Yankees de Nueva York) logró el resurgimiento del salón P. J. Clarke's, toda una institución en esa ciudad. También es dueño de una parte de un equipo de baseball en ligas menores. Cuando uno de sus antiguos clientes decidió comprar el equipo, Stephen se unió al grupo inversionista. Como antiguo amante del baseball, sabía que tal vez nunca podría ser dueño de un equipo de las grandes ligas. Fue una buena decisión y ahora tiene cinco títulos de campeones en su haber.

Hace tiempo, tenías que retirarte para dedicarte a tus sueños. En la actualidad es lo contrario. Las edades de los Emprendedores 10% en este libro abarcan un periodo de casi cincuenta años. Nunca eres demasiado joven para empezar y nunca tienes que retirarte. Si amas lo que haces, puedes continuar, ajustar todas tus actividades complementarias a tus pasiones y fortalezas, ya sea que tengas un trabajo fijo o no. Al seguir invirtiendo, como lo hizo Stephen a lo largo de su carrera, tu 10% se convertirá en parte de tu identidad. Refleja quién eres como persona y como profesional. Es la única parte de tu carrera que llevarás contigo sin importar donde vayas.

OLVÍDATE DE CONVENCER A LA CRÍTICA

Hace muchos años, cuando mi padre crecía en mi ciudad natal, en el estado de Maine, había un hombre en el pueblo llamado Jellerson. Era un personaje muy conocido porque paseaba sin prisa de aquí para allá por los caminos juntando botellas vacías que luego cambiaba por dinero. A veces, caminaba casi 32 kilómetros para visitar a sus amigos en el pueblo vecino. Si un auto se paraba y le preguntaba si quería un aventón, se quitaba el sombrero y lo rechazaba diciendo: "Gracias, pero estoy apurado." Con esa respuesta, todos pensaban que era un excéntrico (lo mejor) o un lunático (lo peor).

La primera vez que escuche a mi papá hablar de esta leyenda provinciana no podía evitar reír y mover la cabeza. Al crecer en un pueblo de Nueva Inglaterra estaba acostumbrado a personajes originales. Es parte del lugar. Pero entre más pienso sobre Jellerson, más me pregunto si andaría tras algo. Cuando eres un emprendedor debes decidir a dónde vas y el plan para llegar. No vas a tomar el mismo camino que todos. Aunque no sigues la ruta tradicional y las otras personas no entiendan muy bien lo que haces, te mueves hacia adelante, muy rápido, pero a tu modo. Tal vez caminar está bien si tienes prisa.

Cuando haces algo nuevo o poco convencional, una cantidad sorprendente de críticas salen hasta debajo de las piedras. Quizá se pregunten por qué pasas tu tiempo libre trabajando. Bueno, si tú lo haces y ellos no, ¿qué te dice sobre ellos? Tal vez también descubras que tu nueva empresa provoca reacciones extrañas entre tus colegas y amigos. Todo el mundo tiene una opinión y estarán felices de decirte por qué tu idea nunca funcionará o tu nuevo producto es defectuoso. Cuando Bluesmart lanzó la primera campaña para recaudar fondos, me impresionó la cantidad de amigos que me llamaron para decirme todo lo que estaba mal con la maleta. Era muy grande, muy pequeña, muy pesada, muy ligera, muy luminosa, muy complicada o muy simple. Después de conseguir más de 2 millones de dólares en preventas en Indiegogo, algunas de estas mismas personas se quejaron de que... ¡nunca los invité a invertir!

No gastes tu tiempo tratando de convencer a la gente que no cree en lo que haces. Si tienes el apoyo de personas importantes en tu vida (en especial de las que se verán afectadas por tus decisiones) es todo lo que necesitas. Los demás quizá se tarden un poco en entenderte, pero ése no es tu problema. Siempre es útil tener retroalimentación, ideas y crítica constructiva. Incluso puedes aprender algo que evite una mala decisión. O tal vez no aprendas nada. En vez de quemar calorías tratando de convencer a la gente de que lo que haces vale el tiempo y el esfuerzo, pon esa energía en tu 10%. Una vez que las cosas estén funcionando, no tendrás que convencer a nadie. Te llamarán y preguntarán cómo involucrarse y unirse a tu equipo.

SÓLO TIENES UNA VIDA: HAZLA INTERESANTE Y DIVERTIDA

La iniciativa empresarial te lleva a lugares inesperados. Conoces personas fascinantes a quienes nunca podrías encontrarte de otra manera. Te vuelves experto en cosas que jamás esperabas conocer a profundidad. Ganas confianza en tus habilidades. Te permites ser interesante. Si has pasado años tomando la misma ruta al trabajo, siguiendo el mismo horario y usando el mismo traje, disfrutarás un poco de variedad en tu vida. No envejece construir nuevas cosas, conocer gente diferente y sorprenderte. Así que recibe con los brazos abiertos la oportunidad de hacer algo fuera de lo normal.

Uno de los beneficios extras de la iniciativa empresarial es el "efecto fiesta." Cuando trabajas en un proyecto que te emociona, esa energía se contagia. Si estás dispuesto a compartir tus historias, pronto descubrirás que eres el centro de la conversación. Así conocí a Peter Barlow. Estábamos en extremos opuestos de una celebración hablando sobre nuestras actividades de 10%, cuando alguien se me acercó, señaló a Peter y dijo estas palabras (que ahora son música en mis oídos): "Deberías conocer a Peter… es exactamente el tipo de persona sobre las que te gusta escribir".

William Langer, un abogado en Washington, D. C. me contó que una reclutadora le indicó que quitara todos sus "intereses" del currículum. Consideraba que los empleadores potenciales pensarían que era demasiado "interesante." Tal vez no lo iban a tomar en cuenta porque les preocuparía que no dedicara todas sus energías al despacho. La verdad, yo creo que es lo contrario. Ser interesante no sólo es un beneficio complementario de la iniciativa empresarial 10%, también es una estrategia. Tus intereses son una parte vital de la historia cuando trabajas tu 10% porque idealmente quieres dejar una impresión en toda la gente que conoces. Si eres fácil de recordar, la próxima vez que alguien encuentre una oportunidad convincente que se ajuste a tu criterio, pensará en ti y te escribirá. Esta conversación tal vez sólo sea la chispa que resulte en la siguiente oportunidad, la siguiente colaboración y la siguiente gran aventura. Para algunas personas, este tipo de cosas pasan una que otra vez, pero no para ti. Para ti, se volverá rutina. Sólo es otro día en la vida de un Emprendedor 10%.

AGRADECIMIENTOS

Si quieres desarrollar un profundo sentido de gratitud, intenta escribir un libro. A veces es el más solitario de los esfuerzos, pero la mayor parte del tiempo te sostiene la gentileza y el apoyo de otros.

Emprendedor 10% es el resultado de muchos años de discusiones y experimentos. Primero que nada, debo agradecer en mi 10% a todos los Emprendedores 10% en este libro y a las personas que me concedieron entrevistas sobre su trayectoria. Todas sus contribuciones e ideas fueron fundamentales para mí. Jason Haim, es difícil imaginar un amigo con un intelecto más fuerte o una brújula mejor (mejor imposible).

Geoff Gougion, es un privilegio tener conmigo al Digital Don Draper.

Marcelo Camberos, me enseñaste tanto sobre la iniciativa empresarial 10% y de otras. *Sos un maestro: El Gato.*

Samara O'Shea, fuiste mi asistente para escribir y la primera persona en decir que había un libro dentro de mí.

Xin Zeng y Ben Schreckinger, ustedes fueron los catalizadores; Danielle Hootnick Kaufman y Katherine Liu, todas nuestras conversaciones fueron cruciales para dar forma a mi pensamiento; e Irene Hong Edwards, me has mantenido cuerdo y social durante una década.

Fraser Simpson, me recordaste que para participar en el Gran Juego, tienes que ser valiente.

Chellie Pingree, de un nativo de Maine a otro: no puedo agradecerte lo suficiente. También un gran agradecimiento a Will Blodgett y Carolyn Tisch Blodgett por procesar un periodo de escribir frío y productivo.

Susan Seagal, trabajar juntos fue una experiencia inolvidable a la cual le debo mucho del contenido de este libro.

Luciana Isella, el asombroso regalo que me diste en Buenos Aires, me trajo mucha buena suerte y quizá intervenciones divinas.

Por grandes, medianas y pequeñas razones, también debo agradecer a Greg Prata, Felix Dashevsky, John Leone, Ben Wigoder, Michele Levy, Florencia Jimenez-Marcos, Terry Chang, Helen Coster, Jordon Nardino, Davalois Fearon, Allison Stewart, Lars Kroijer, Dan Mathis, Brad Saft, Amy Calhoun Robb, Jay Sammons, Ariel Arrieta, Gonzalo Costa, Andrew Watson, Fiona Aboud, Richard Baran, Debora Spar, Zia Chishti, Mohammed Khaishgi, Hasnain Aslam, Ben Wu, Nihar Sait, Sana Rezwan Sait, Santiago Tenorio, Chris Carey y Ali Rashid, así como también Tom Clark, Phil Tseng, Suken Shah y a toda la familia Wobbly H.

Un agradecimiento especial para Luke Masuda, Nicolas Walters, Gary Crotaz, Vanessa Beckett, Josh Weedman, Andy Lee, Matthew Stoller, Cate Ambrose y Leslie Pierson por presentarme a la gente adecuada. Me ayudaron mucho.

A mis ahijados, Finley Clark y Thomas Gaugion: prepárense para empezar su 10% en unos cuantos años.

Escribir un libro es un maratón y con el equipo de Portfolio, tengo los asesores que nunca imaginé. Adrian Zackheim, tu apoyo y visión son una constante, estoy muy agradecido por ambos. Joel Rickett, entendiste esta idea de manera instintiva y tú, junto con Niki Papadopoulod al otro lado del Atlántico, apostaron por mí. Emily Angell y Kary Perez, sus primeras orientaciones hicieron el libro mejor de principio a fin. Will Weisser, Tara Gilbride, y Taylor Fleming, su creatividad y energía son invaluables. Al final, pero no menos importante, Bria Sandford, llegaste en el momento preciso y eso hace toda la diferencia. Es grandioso tener a alguien tan, me atrevo a decir, severa en el Equipo 10%.

También debo agradecer a mi agente multitalentosa Mildred Yuan, quien entendió y le dio forma a esta idea desde el primer día. Cada interacción es un placer y una enseñanza que saca lo mejor de mí.

Finalmente, a mi familia: Mike McGinnis, estoy feliz de tener un hermano cuyo consejo siempre suena sincero. Robert y Sonia McGinnis, fueron tan insistentes en que tratara de escribir que me rendí ante sus deseos, escribí la mitad de una novela terrible, la tiré y luego empezar a escribir este libro. Por eso y por mucho más ¡Gracias mamá y papá!

GLOSARIO

Acciones: propiedad en una compañía al ser dueño de éstas. Las acciones se aprecian a largo plazo porque le generan valor y riqueza al titular.

Aficionado: persona que integra la iniciativa empresarial en su vida para dedicarse a una pasión o interés. No practica su pasión de tiempo completo, pero la explora de manera significativa y junto a otros que sí están comprometidos de tiempo completo.

Ángel: persona que invierte capital en proyectos empresariales a cambio de acciones.

Asesor: persona que comparte su experiencia en forma de consejo, conexiones, contactos o habilidades específicas en proyectos empresariales a cambio de remuneración (en forma de acciones).

Capital de esfuerzo: acciones de una empresa que se ganan al intercambiar tiempo y experiencia (en vez de capital financiero).

Capital intelectual: el conocimiento y las habilidades que aplicas en tu trabajo como Emprendedor 10%.

Costo de oportunidad: es el "costo" de una oportunidad que se te fue en términos de beneficios perdidos.

Debida diligencia: análisis exhaustivo y evaluación detallada de un proyecto de negocios que se hace para determinar si vale la pena invertir.

Emprendedor 10%: persona que tiene trabajo de tiempo completo, pero dedica al menos 10% de su tiempo (y si es posible de su capital) a invertir, asesorar y participar en proyectos empresariales de medio tiempo. Al hacerlo de esta manera se protege contra los inconvenientes y caídas financieras, aumenta sus oportunidades, intenta nuevas cosas, su vida se vuelve más divertida y desarrolla habilidades empresariales.

Emprendedor 110%: emprendedor de tiempo completo que al mismo tiempo actúa como Emprendedor 10%.

Fundador: Emprendedor 10% que empieza y maneja su propia compañía.

Iniciativa empresarial, Inc.: conjunto de diferentes fuerzas que hacen más atractivo el proceso de empezar y dirigir compañías, pero que no describen de forma realista los riesgos, costos y retos que implica este proceso.

Inquilino ancla: empresa o proyecto que te permite empezar como Emprendedor 10%. Este esfuerzo sacará partido a tus fortalezas y representa lo que está al alcance de tus recursos.

MHCC: miedo a hacer cualquier cosa. Es el efecto combinado de MUMO y MPA, lo cual lleva a la parálisis, la desesperación y a perder las esperanzas.

MPA: miedo a perderse algo. Es la incapacidad de concentrarse en una actividad o esfuerzo sin dejar de preocuparse porque otras cosas mejores están pasando al mismo tiempo. Es un efecto secundario de buscar la optimización.

MUMO: miedo a una mejor opción. Es la incapacidad de comprometerse en una actividad, y más bien, dejar todas las opciones abiertas. Es un efecto secundario de buscar la optimización.

Startup: empresa nueva.

APÉNDICE

Espero que al leer este libro des los primero pasos de lo que se convertirá en compromiso de por vida con la iniciativa empresarial 10%. Por favor sigue en contacto y mándame ideas, retroalimentación, ediciones, comentarios o preguntas. Para continuar la conversación, mantente al tanto de la información actualizada y accede a recursos que te ayudarán en tu trabajo, encuéntrame en línea como:

Sitio web: www.patrickmcginnis.com
Twitter: @pjmcginnis y agrégale el tag #10percent
Facebook: www.facebook.com/The10PercentEntrepreneur

Administración del capital financiero:
Ejemplos de hojas de cálculo

CALCULAR EL CAPITAL FINANCIERO	ACTUAL	AÑOS
Inversiones en dinero en efectivo • Cuentas, ahorros, certificados de depósito, etcétera • Acciones, cuentas con agencias de brokers, etcétera • Otros		
Total		
Inversiones a largo plazo • Plan de acciones de una compañía, planes para el retiro como 401k, IRA (disponibles en Estados Unidos), etcétera • Bienes raíces • Inversiones 10% • Otros		
Total		
Capital financiero total		
Incrementos/Decrementos esperados **(libres de impuestos)** (+/-) Ahorros o déficit (de tu presupuesto personal) (+) Extras (+) Venta de activos (casa/automóvil, etcétera) (+) Regalos o herencias (-) Compras grandes (-) Enganche (casa/automóvil, etcétera) (+/-) Otros		
Total		
Capital financiero total y estable		

Apéndice

PRESUPUESTO PERSONAL	PRESUPUESTO MENSUAL	PRESUPUESTO ANUAL
Ingresos • Salario • Ingresos de tu 10% • Otros ingresos		
Total		
Egresos • Hogar: hipoteca, renta, seguro, servicios • Comunicaciones: teléfono, internet, televisión • Transporte: automóvil, transporte público • Personales/familiares: comida, ropa, artículos personales • Educación: colegiatura, gastos escolares • Médicos: seguro, otros • Descanso: entretenimiento, *hobbies*, vacaciones • Financieros: pagos de tarjeta de crédito, préstamos estudiantiles, otros • Otros:		
Gastos totales		
Ahorros o déficit		
Capital financiero total y estable		

EJEMPLO DE BIOGRAFÍA PROFESIONAL

Patrick McGinnis es socio administrador de Dirigo Advisors, una compañía que otorga consultoría estratégica a inversionistas y negocios en América Latina y otros mercados emergentes. Asesoró al Banco Mundial y a la Corporación Financiera Internacional en proyectos relacionados con capital de inversión y capital de riesgo. En 2013, Patrick fue coautor de una publicación del World Bank Policy Working Paper titulado "Private Equity and Venture Capital in SMEs in Developing Countries: The Role for Technical Assistance." (Capital de inversión y capital de riesgo en PYME: El rol de la asistencia técnica." También colabora en los consejos directivos de The Resource Group y Socialatom Ventures, un fondo de inversión semilla con base en Medellín, Colombia.

De manera adicional, Patrick es un Emprendedor 10%, haciendo inversiones Ángeles en compañías en Estados Unidos y América Latina. Éstas incluyen: ipsy, Bluesmart, SATMAP, NXTP Labs, WeHostels, Everbright Media, la Fan Machine, Preference Labs, y Morton & Bedford. También es Asesor de Bunny Inc., Bluesmart, Posto, Preference Labs y Everbright Media.

Antes de fundar Dirigo Advisors, fue vicepresidente de PineBridge Investments (antiguamente AIG Capital Partners), una firma de inversión global de mercados emergentes. En PineBridge, Patrick capitalizó, estructuró, ejecutó y monitoreó el crecimiento de las inversiones en acciones en América Latina, Europa central, Medio Oriente y Asia. También asesora los portafolios de compañías en temas que incluyen planeación estratégica y financiera, estructura capital, adquisiciones, desarrollo de negocios y oportunidades de éxito.

Antes de unirse a PineBridge, Patrick fue inversionista profesional en JPMorgan Partners, trabajando en el equipo de América Latina en Nueva York y Sao Paulo. Colaboró en el consejo directivo de Hispanic Teleservices Corporation, un *call center* mexicano y fue director alterno en Freddo S. A., una importante tienda minorista de helados artesanales en Argentina. Empezó su carrera como banquero especialista en inversiones en el grupo latinoamericano de Chase Manhattan.

Patrick es entusiasta viajero, escritor y conferencista, ha visitado más de setenta países. Publicó sobre viajes, tecnología y negocios en Forbes.com, el *Huffington Post*, la revista *Boston*, *Business Insider*, y la Latin America Venture Capital Association. Da charlas sobre iniciativa empresarial, capital de inversión, capital de riesgo e inversiones en mercados emergentes. Se ha presentado en lugares como Estados Unidos, México, Colombia, Argentina y Mozambique.

Además es miembro del consejo de Trustees of the New York Youth Symphony y del Business Advisory Network of NESsT, una organización sin fines de lucro que desarrolla empresas sociales y sostenibles que aportan soluciones críticas en mercados emergentes. También es un Young Trustee de Atlas Corps y miembro del comité directivo del Young Professionals of the Americas.

Patrick se graduó con honores de la Escuela de Relaciones Internacionales en la Universidad Georgetown. Colaboró un año en el puesto de Rotary Ambassadorial Scholar en la universidad de Torcuato di Tella en Buenos Aires, Argentina. Tiene una MBA (Maestría en administración de empresas) de la Escuela de Negocios de Harvard.

Habla inglés, español, portugués y francés de manera fluida.

NOTAS

Introducción

[1] "UPDATE 1-AIG Chief: 'I Need All the Help I Can Get'."
Reuters, 18 de marzo de 2009.www.reuters.com/article/2009/
03/19/financial-aig-scene-idUSN1832099720090319 (Revisado
el 16 de septiembre de 2015).

Capítulo 1. Un trabajo no es suficiente

[2] "Number of Jobs Held, Labor Market Activity, and Earnings Growth Among the Youngest Baby Boomers: Results from a Longitudinal Survey." Bureau of Labor Statistics, Departamento del trabajo de Estados Unidos, 15 de marzo de 2015. www.bls.gov/news.release/pdf/nlsoy.pdf (Revisado el 16 de septiembre de 2015).

[3] Jeanne Meister, "Job Hopping Is the 'New Normal' for Millennials." *Forbes*, 14 de agosto de 2012. www.forbes.com/

sites/jeannemeister/2012/08/14/job-hopping-is-the-new-normal-for-millennials-three-ways-to-prevent-a-human-resource-nightmare/ (Revisado el 16 de septiembre de 2015).

[4] Justin Baer and Daniel Huang, "Wall Street Staffing Falls Again." *Wall Street Journal*, 19 de febrero de 2015. www.wsj.com/articles/wall-street-staffing-falls-for-fourth-consecutive-year- 1424366858. (Revisado el 16 de septiembre de 2015).

[5] Elizabeth Olson, "Burdened with Debt, Law School Graduates Struggle in Job Market." *New York Times*, 26 de abril de 2015. www.nytimes.com /2015/04/27/business/dealbook/burdened-with-debt-law-school-graduates-struggle-in-job-market.html?smid=nytcore-iphone-share&smprod=nytcore-iphone

[6] Richard Gunderman y Mark Mutz, "The Collapse of Big Law: A Cautionary Tale for Big Med." *The Atlantic*, 11 de febrero de 2014. www.theatlantic.com/business/archive/2014/02/the-collapse-of-big-law-acautionary-tale-for-big-med/283736/ (Revisado el 16 de septiembre de 2015).

[7] Susan Adams, "Why Do So Many Doctors Regret Their Job Choice?" *Forbes*, 27 de abril 2012. www.forbes.com/sites/susanadams/2012/04/27/why-do-so-many- doctors- regret-their job-choice/ (Revisado el 20 de octubre de 2015).

[8] Dan Heath y Chip Heath exploraron la mitología corporativa en su maravilloso libro *The Myth of the Garage*.

[9] Brandon Lisy, "Steve Wozniak on Apple, the Computer Revolution, and Working with Steve Jobs." *Bloomberg BusinessWeek*, 4 de diciembre de 2014. www.businessweek.com/articles/2014-12-04/apple-steve-wozniak-on-the-early-years-with-steve-jobs (Revisado el 15 de junio de 2015).

[10] "73% of Startup Founders Make $50,000 Per Year or Less." *Compass*, 14 de junio de 2014. http://blog.startupcom

pass.co/73-percent-of-startupfoundersmake-50-dollars-000 -per-year-or-less (Revisado el 16 de septiembre de 2015).

[11] David Teten, "VC Perspective: How Long Before Angel Investors (and VCs) Exit?" pehub.com, 16 de junio 2015. www. pehub.com/2015/06/vc-perspective-how-long-before-angel-investors-and-vcs-exit/ (Revisado el 16 de septiembre de 2015).

[12] "It's Definitely a Marathon— Venture-Backed Tech IPOs Take Seven Years from First Financing." *CB Insights Blog*, 7 de noviembre de 2013. www.cbinsights.com/blog/venture-capital-exit-timeframe-tech/ (Revisado el 16 de septiembre de 2015).

[13] Amar Bhide, "How Entrepreneurs Craft Strategies That Work" *Harvard Business Review*, 1o de marzo de 1994. http://hbr.org/1994/03/how-entrepreneurs-craft-strategies-that-work (Revisado el 16 de septiembre de 2015).

[14] Ghosh revisó los resultados de las compañías que recaudaron al menos un millón en capital de riesgo capital entre 2004 y 2010.

[15] Carmen Nobel, "Why Companies Fail— and How Their Founders Can Bounce Back." HBS Working Knowledge, 7 de marzo de 2011. http://hbswk.hbs.edu/item/6591.html (Revisado el 23 de octubre de 2015).

[16] Bill Snyder, "Marc Andreessen." Stanford Graduate School of Business, *Insights*, 23 de junio de 2014. www.gsb.stanford. edu/insights/marc-andreessen-we-are-biased-toward-people-who-never-give (Revisado el 1o de septiembre de 2015).

Capítulo 2. Todos los beneficios
sin los inconvenientes

[17] "Start Me Up." *The Economist*, 7 de julio de 2014. www.
economist.com/blogs/graphicdetail/2014/07/daily-chart-6
(Revisado el 25 de octubre de 2015).

[18] Anteriormente Elance-oDesk.

Capítulo 3. Los cinco tipos de
Emprendedor 10%

[19] Jeffrey Sohl, "The Angel Investor Market in 2014: A
Market Correction in Deal Size," Center for Venture Research,
14 de mayo de 2015.

[20] Joel Koetsier, "The Rise of the Angel Investor (Infogra-
phic)." VentureBeat, 19 de febrero de 2013. http://venturebeat.
com/2013/02/19/the-rise-of-the-Angel-investor-infographic/
(Revisado el 16 de septiembre de 2015).

[21] Nick Bilton y Evelyn M. Rusli, "From Founders to De-
corators, Facebook Riches." *New York Times*, 1o de febrero de
2012. www.nytimes.com/2012/02/02/technology/forfounders-
to-decoratorsfacebookriches.html (Revisado el 16 de septiembre de 2015).

Capítulo 4. ¿Qué tipo de Emprendedor 10% eres?

[22] "FAQs for Angels & Entrepreneurs." Angel Capital Association. www.angelcapitalassociation.org/press-center/Angel-group
-faq/ (Revisado el 16 de septiembre de 2015).

Capítulo 5. Maximiza tu tiempo y dinero

[23] David Mielach, "Americans Spend 23 Hours Per Week Online, Texting." Yahoo! Noticias, 3 de julio de 2013. http://news.yahoo.com/americans-spend-23-hours-per-week-online-texting-092010569.html (Revisado el 16 de septiembre de 2015).

[24] Mary Meeker, "Internet Trends 2014-Code Conference," Kleiner Perkins Caufield & Byers, kpbc.com, 28 de marzo de 2014. http://news.yahoo.com/americans-spend-23-hours-per-week-online-texting-092010569.html (Revisado el 16 de septiembre de 2015).

[25] Marianne Hudson, "Important Things to Know About Angel Investors— 2014." Angel Capital Association. www.angel capitalassociation.org/data/Documents/Resources/ACA-Angel Background2014.pdf (Revisado el 16 de septiembre de 2015).

[26] "How to Save Like the Rich and the Upper Middle Class (Hint: It's Not with Your House)." wsj.com, *Real Time Economics*, 26 de diciembre de 2014. www.wsj.com/articles/BL-REB -29827 (Revisado el 16 de septiembre de 2015).

[27] Katherine Muniz, The Motley Fool, "20 Ways Americans Are Blowing Their Money," *USA Today*, 24 de marzo de 2014. www.usatoday.com/story/ money/personalfinance/2014/03/24 /20-ways-we-blow-our-money/6826633/ (Revisado el 16 de septiembre de 2015).

[28] Douglas McIntyre, "Ten Things Americans Waste the Most Money On" 24/7WallSt.com, 24 de febrero de 2011. http://247wallst.com/investing/2011/02/24/ten-things-americans-waste-the-most-money-on/ (Revisado el 16 de septiembre de 2015).

[29] Por ejemplo, es muy bueno invertir una parte de tus ahorros para el retiro (como 401k o IRA) en tu 10%.

[30] David Teten, "How and Why to Be an Angel Investor," teten.com, http://teten.com/blog/2014/09/16/dave-kerpen-interview-how-and-why-to-be-an-angel-investor/

[31] 9 John Waggoner, "Cash Is King for Long- term Investors?" *USA Today*, 30 de julio de 2013. www.usatoday.com/story/money/personalfinance/2013/07/30/cash-best-long-term-investment/2600495/ (Revisado el 16 de septiembre de 2015).

Capítulo 6. Saca partido a tus fortalezas

[32] Muchas gracias a Tony Deifell por presentarme este poema.

[33] Estoy muy agradecido con el profesor Jan Rivkin de la Escuela de Negocios de Harvard por desarrollar y enseñar este curso esencial.

[34] Devin Banerjee, "Wall Street's Gilded Maternity Perk: Nannies Fly Free," Bloomberg.com, 13 Aug. 2015, www.bloomberg.com/news/articles/2015-08-13/wall-street-s-gilded-maternity-perk-flying-nannies (Revisado el 16 de septiembre de 2015).

Capítulo 7. Encuentra, analiza y comprométete en un proyecto

[35] El excelente libro de Noam Wasserman, *The Founder's Dilemmas: Anticipating and Avoiding the Pitfalls That Can Sink a Startup*, aconseja a los Fundadores cómo deben estructurar su participación en nuevas empresas.

[36] *The Entrepreneur's Guide to Business Law,* de Constance Bagley, es un recurso indispensable en estos temas cubriendo

todo lo que necesitarás con respecto a los asuntos legales de un Emprendedor 10%.

[37] La comunidad legal y de inversionistas ha logrado que el pensamiento crítico de todos estos temas esté tan disponible como sea posible. Hay muchos libros y blogs que dan consejo específico a los fundadores e inversionistas en proyectos empresariales. Por favor visita www.patrickmcginnis.com para encontrar una lista de recursos útiles.

Capítulo 8. Forma tu equipo

[38] Existen grupos de *networking* e iniciativa empresarial en todo el mundo. Puedes darte una idea de la variedad de grupos que existen en tu área geográfica local en Meetup.com, la red más grande del mundo de grupos locales y abarca muchos tipos de intereses, incluyendo negocios, inversiones e iniciativa empresarial. Encuentra más en www.meetup.com/about/

Capítulo 9. Supera los obstáculos

[39] 1 Ben Schreckinger, "The Home of FOMO." Revista *Boston*, Agosto de 2014. www.bostonmagazine.com/news/article/2014/07/29/FOMO-history/

Emprendedor 10% de Patrick J. McGinnis
se terminó de imprimir en julio de 2016
en los talleres de
Litográfica Ingramex, S.A. de C.V.
Centeno 162-1, Col. Granjas Esmeralda, C.P. 09810, México D.F.